Мост A1 EXTRA

Russisch

von
Irma Adler
Ljudmila Bolgova

Ernst Klett Sprachen
Stuttgart

1. Auflage 1 5 4 3 2 1 | 2014 13 12 11 10

Alle Drucke dieser Auflage sind unverändert und können im Unterricht nebeneinander verwendet werden. Die letzte Zahl bezeichnet das Jahr des Druckes.

Internetadresse: www.klett.de

Autoren Irma Adler, Ljudmila Bolgova

Redaktion Lina Barth, Leonberg
Redaktionelle Mitarbeit Michael Krumm, Lüneburg
Illustrationen Gregor Schöner, München
Gestaltung und Satz grundmanngestaltung, Karlsruhe
Umschlaggestaltung Friedemann Bröckel, Stuttgart
Reproduktion Format GmbH, Ettlingen
Titelbild Junge Frau: Dreamstime / Dmitry Maslov;
Hochhäuser: Fotolia LLC / Karsten Weiss;
Wasserlandschaft: Fotolia LLC / Sergey A. Pristyazhnyuk;
Kirchenkuppeln: Fotosearch Stock Photography / Brand X Pictures RF;
Wald mit Birken: Fotolia LLC / Dmitry Naumov
Druck und Bindung Beltz Druckpartner, Hemsbach
Printed in Germany

ISBN 978-3-12-527558-4

9 783125 275584

Liebe Russischlernende,

Мост A1 EXTRA, das Übungsbuch zum A1-Bereich des Lehrwerks Мост 1, ist gezielt für das erweiterte Training von Grammatik und Wortschatz der russischen Sprache konzipiert. Bausteine aller Übungsaufgaben sind Wörter und Wortformen, Wortverbindungen und Sätze aus den Lektionen 1–12 des Lehrwerks.

Durch Erschließung grammatischer und lexikalischer Phänomene festigen Sie Ihre Russischkenntnisse und bereiten sich zugleich auf den Russischtest der Stufe A1 vor. Aus diesem Grund sind viele Übungsaufgaben als Pendant zu den üblichen A1-Testaufgaben formuliert.

Neben Übungen zur Festigung von Grammatik und Wortschatz enthält Мост A1 EXTRA Aufgaben zur Förderung der Schreibkompetenz sowie Texte zum selektiven bzw. globalen Lesen, wie sie bei einem Sprachtest oft angeboten werden.

Мост A1 EXTRA ist parallel zu dem Lehrwerk Мост 1 aufgebaut, wobei eine Einheit im Übungsbuch je zwei Lektionen im Lehrbuch umfasst.

Sämtliche Lösungen zu den Übungsaufgaben finden Sie im Anhang. Somit können Sie völlig selbstständig arbeiten.

Wir wünschen Ihnen viel Spaß und Erfolg mit Мост A1 EXTRA!

Ihre Autorinnen
Ihre Redaktion

Inhalt

1 Знакомимся: страна, семья, работа

1 Впишите буквы.
Setzen Sie die fehlenden Buchstaben ein.

1. «о» или «а»?

реп___ртёр	д___ска	директ___р	к___рьера
к___ллега	рис___вать	с___м___вар	см___треть
М___скв___	юм___р	р___ман	г___в___рить
п___ж___луйста	г___сп___ж___	к___нфликт	Владив___ст___к

2. «е» или «и»?

изв___н___те	с___кр___тарь	х___рург	н___м___ц
инж___нер	п___сьмо	ун___в___рс___тет	с___стра
фабр___ка	с удовольств___ем	т___л___в___зор	господ___н

3. «у» или «ю»?

л___бить	р___чка	___билей	Санкт-Петерб___рг
ж___рнал	___ниверситет	Ш___ра	Гамб___рг
л___ди	Л___бовь	мен___	ст___ардесса
с ___довольствием	т___льпан	пожал___йста	дед___шка

2 Дополните.
a. Welcher Buchstabe fehlt hier? Setzen Sie die fehlenden Buchstaben ein.

сем___я	познаком___тес___	пис___мо	спал___ня
ч___ё	доч___	ден___	секретар___

b. Einmal oder doppelt?

м, мм → гра_____атика, ма_____а

л, лл → те_____евизор, а_____о

н, нн → ва_____ая, же_____а, стра_____а

с, сс → ри_____овать, стюарде_____а, ру_____кие, универ_____итет

3 Заполните таблицу.

Füllen Sie die Tabelle aus. Tragen Sie die angegebenen Wörter nach dem Geschlecht ein.

ваза | газета | доска | журнал | карандаш | книга | письмо | роза | страна | стол | стул | урок | море | небо | семья | телевизор | университет | банк | фабрика | фото | компьютер | салат | парк | коридор | имя | фамилия | отчество

он	она	оно

4 Дополните предложения.

Ergänzen Sie die Sätze. Tragen Sie sinngemäß passende Wörter aus Übung 3 ein.

1. Она рисует вазу, ______________________________
2. Он любит море, ______________________________
3. Я пишу книгу, ______________________________
4. Мы смотрим журнал, ______________________________

5 Укажите род существительных.

Ordnen Sie die Substantive nach dem Geschlecht.

~~отец~~ | папа | мать | мама | дочь | сын | брат | сестра | бабушка | дедушка | внук | внучка | дядя | тётя | муж | жена

männlich	weiblich
отец	

6 Впишите недостающие буквы.
Setzen Sie die fehlenden Buchstaben ein.

Infinitiv	konjugierte Verbform
1. писать	я пи_ш_у они пи_ш_ут
2. любить	я лю____ю они лю____ят
3. читать	ты чита____шь они чита____т
4. делать	мы дела____м они дела____т

Infinitiv	konjugierte Verbform
5. смотреть	она смотр_и_т они смотр_я_т
6. отдыхать	ты отдыха____шь они отдыха____т
7. рисовать Zeichnen	я рис_у_ю они рису_ю_т
8. говорить	ты говор____шь они говор____т

7 Формы глаголов.
Konjugieren Sie die Fremdwörter диктовать, организовать, фотографировать nach dem Muster von рисовать.

я	диктую	________	________
ты	________	________	________
он / она	________	фотографирует	________
мы	________	________	________
вы	________	________	________
они	________	________	организуют

8 Переведите.
Übersetzen Sie die Sätze ins Russische.

1. Mutter und Tochter sehen fern.

____

____

2. Großvater malt.

____

____

3. Bruder und Schwester ruhen sich aus.

____

____

4. Großmutter und Enkelsohn schreiben Briefe.

____

____

9 Кто что делает?

Sehen Sie sich die Bilder an. Schreiben Sie die passenden Bildunterschriften dazu.

1

Папа отдыхает..

2

Брат и сестра рисуют.

3

Отец смотрит телевизор.

4

Мама пишет письмо.

10 Продолжите лексические ряды.

Setzen Sie die Wörterreihen fort. Schreiben Sie die angegebenen in die passenden Zeilen.

Германия | журналист | Санкт-Петербург | инженер | русский | Саша | Волга | Амстердам | Катя | украинец | Франция | дядя | Дунай | внучка

1. Москва, Париж, Берлин, Мадрид, ________
2. Темза, Рейн, Ельба, Нева, ________
3. дизайнер, программист, артист, парикмахер, ________
4. Виктор, Курт, Елена, Юлия, ________
5. брат, тётя, отец, жена, ________
6. немец, швед, француз, итальянец, ________
7. Италия, Россия, Украина, Канада, ________

11 Профессии.

Ordnen Sie den deutschen Berufsbezeichnungen die russischen Entsprechungen zu.

режиссёр | врач | космонавт | физик | фотограф | спортсмен | пилот | дирижёр | почтальон | архитектор | музыкант | писатель

1. Sportler – ____________
2. Regisseur – ____________
3. Dirigent – ____________
4. Arzt – ____________
5. Architekt – ____________
6. Musiker – ____________
7. Fotograf – ____________
8. Physiker – ____________
9. Postbote – ____________
10. Schriftsteller – ____________
11. Pilot – ____________
12. Kosmonaut – ____________

12 Писатели.

Vervollständigen Sie den Namen des jeweiligen Autors und fügen Sie den dazugehörigen Buchtitel hinzu.

Фёдор Михайлович

Антон Павлович

Александр Сергеевич

«Капитанская дочка»

«Дядя Ваня»

«Братья Карамазовы»

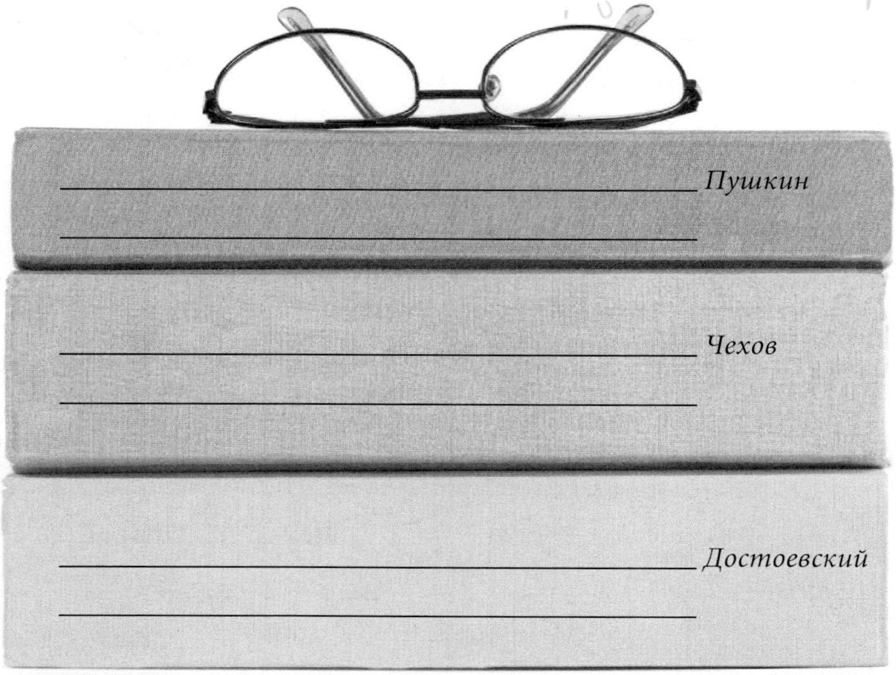

1. ____________ *Пушкин*
2. ____________ *Чехов*
3. ____________ *Достоевский*

13 Выберите правильную форму.

Wie würden Sie die folgenden Personen begrüßen? Ordnen Sie die Begrüßungsformeln den Bildern zu, indem Sie den richtigen Lösungsbuchstaben unter das Bild eintragen.

a. Здравствуй, Катя!
b. Здравствуйте, господин Браун!
c. Здравствуй, Коленька!
d. Здравствуйте, Анна Петровна!

1

2

3

4

14 кто? что? как? где?

Ergänzen Sie die Dialoge durch ein passendes Fragewort.

1. ◗ Алло, это Алексей Иванович?
   ◗ Нет.
   ◗ А ________ это?
2. ◗ Наташа, ________ делает Инга?
   ◗ Она пишет письмо.
3. ◗ Здесь говорят по-русски?
   ◗ Да, ________ вам угодно?
4. ◗ Лиза, а ________ карта?
   ◗ Здесь.
5. ◗ Коля, ________ ты говоришь по-немецки?
   ◗ По-немецки – хорошо.
   ◗ А ________ ты говоришь по-английски?
   ◗ Плохо.

15 Прочитайте и заполните формуляр.

Sie wollen sich in einem Hotel in Russland anmelden. Füllen Sie das Hotelformular aus.

Отель «Метрополь»

____
Фамилия

____
Имя, отчество

____
Адрес

____
Гражданство[1]

____
Дата заезда[2]

____
Дата отъезда[3]

1 Staatsangehörigkeit **2** Ankunftstag **3** Abreisetag

16 Где?

a. Lesen Sie den Dialog aus einem populären Kinderbuch.

◗ Кто там?
D Это я, почтальон Печкин. Принёс журнал «Мурзилка».
◗ Кто там?
D Это я, почтальон Печкин. Принёс журнал «Мурзилка».
◗ Кто там?

D Это я, почтальон Печкин.
◗ Кто там?
D Да никто! Это я, почтальон Печкин. Принёс журнал «Мурзилка».
◗ Кто там? Кто там? Кто там?

b. Bestimmen Sie, wo dieses Gespräch stattfindet.

☐ am Telefon ☐ an der Tür ☐ an der Rezeption ☐ auf der Post

17 Кроссворд.

Lösen Sie das Kreuzworträtsel, indem Sie die angegebenen Sätze ergänzen. Bei richtiger Lösung ergibt die grau unterlegte Spalte die Bezeichnung der Sprache, die Sie lernen.

1. Петя и Катя ______________________________ и сестра.
2. Бабушка читает ____________________________________.
3. Мама пишет _______________________________________.
4. Эрика и Томас _____________________________________.
5. Иван Петрович – ______________________________, а господин Браун – немец.
6. Мама ____________________________, а папа инженер.
7. _________________________________ познакомимся!
8. Как они _________________________________ по-русски?
9. Меня _____________________________________ Анна.
10. Вы ____________________________________ или русские?
11. Он пишет как ______________________________ лапой.

2 Дом и еда

1 **Заполните пропуски. Проставьте ударения.**
Füllen Sie die Lücken aus. Setzen Sie Betonungszeichen.

a. «е», «ё» oder «и»?

ты			
жд___шь	пь___шь	жив___шь	зна___шь
хоч___шь	относ___шь	___шь	спеш___шь
готов___шь	разговарива___шь	ид___шь	

b. «а», «я», «у» oder «ю»?

они			
обеда___т	рису___т	работа___т	леж___т
спеш___т	чита___т	гуля___т	сид___т
жив___т	люб___т	зна___т	смотр___т
готов___т	ед___т	завтрака___т	пь___т
жд___т	покупа___т	хот___т	относ___т

c. «ы» oder «и»?

напитк___	студентк___	гост___	полк___
сёстр___	карандаш___	внук___	альбом___
тёт___	люд___	спальн___	блин___
бокал___	овощ___	жён___	нож___
книг___	сосед___	музыкант___	прибор___
кухн___	стол___	пап___	родител___

d. «е», «и», «о» oder «а»?

1. Вы часто ___бедаете дома?	6. Виктор, ты х___р___шо рису___шь.
2. Что есть в п___ч___ всё на стол м___чи.	7. Р___дители смотрят т___л___визор.
3. Куда вы так сп___ш___те?	8. Вот где с___б___ка зарыта.
4. Мы с___годня ___дим бл___ны.	9. «Где ваш телефон?» – «В к___рид___ре».
5. Пив___ и лим___над в х___л___дильнике.	10. Куда ты сп___ш___шь?

2 Заполните таблицу.

Vorsicht, Konsonantenwechsel! Ordnen Sie die Verben готовить, писать, любить, хотеть, сидеть richtig zu. Füllen Sie die Tabelle aus.

Konsonantenwechsel	я	ты	они
т → ч (хотеть)	хочу	хочешь	хотят
с → ш писать	пишу	пишешь	пишут
д → ж ______	______	______	______
б → бл ______	______	______	______
в → вл ______	______	______	______

3 Найдите слова.

Wie viele Wörter sind hier versteckt? Schreiben Sie sie auf.

1. сестработакресло ______
2. розавтракоговорить ______
3. вечеромолокогдавайте ______
4. тожегодиножить ______

4 Определите род.

a. Welches Geschlecht haben die folgenden Wortgruppen? Tragen Sie die Zeichen ***f*** für Femininum, ***m*** für Maskulinum und ***n*** für Neutrum ein. Streichen Sie in jeder Spalte das falsch zugeordnete Wort.

f		n		m	
соль	дочь	кафе	тесто	гость	день
мать	секретарь	обед	утро	нож	яйцо
кухня	ложка	кресло	море	чай	вечер
ручка		пиво		лимонад	
собака		здание		номер	

b. Ordnen Sie die folgenden Substantive der passenden Spalte in der oberen Tabelle zu.

ручка | номер | собака | лимонад | пиво | здание

5 Ответьте на вопросы.

Antworten Sie auf die Fragen. Gebrauchen Sie sinngemäß die angegebenen Wörter.

парк | коридор | квартира | буфет | библиотека | кафе | кухня | спальня | море

1. Что это? — Это комната, ______________________
2. Откуда розы? — Из комнаты, ______________________
3. Куда ты идёшь? — В комнату, ______________________
   На ______________________
4. Где сейчас гости? — Они в комнате, ______________________
   Они на ______________________

6 Определите род.

Ordnen Sie die angegebenen geografischen Namen nach dem grammatischen Geschlecht ein.

~~Гамбург~~ | Петербург | ~~Москва~~ | Саратов | Мюнхен | Германия | Тула | Суздаль | Вена | Прага | Варшава | Тверь

Maskulinum	Femininum
Гамбург	*Москва*

7 Откуда вы?

Führen Sie kurze Dialoge wie im Beispiel.

1. Берлин – Петербург
2. Мюнхен – Саратов
3. Германия – Россия
4. Вена – Суздаль
5. Прага –Тула
6. Варшава – Тверь

8 Скажите, кто где работает.

Sagen Sie, wer wo arbeitet. Formulieren Sie Sätze.

1. журналист		университет
2. преподаватель	работает в	газета
3. студент		библиотека

9 Заполните таблицу.

Was kennen Sie schon? Füllen Sie die Ihnen bereits bekannten Felder der Tabelle aus. Markieren Sie die Endungen.

	Maskulinum	Femininum	Neutrum
Nominativ	парк Берлин Суздаль коф**е** чай	комнат**а** кухн**я** Тверь Москв**а** Герман**ия**	мор**е** письм**о**
Genitiv	парк**а** Бер___ ___ ___ ___	___ ___ ___ ___ ___	___ ___
Dativ			
Akkusativ	парк ___ ___ ___ ___	___ ___ ___ ___ ___	___ ___
Instrumental			
Präpositiv	парк**е** ___ ___ ___ ___	___ ___ ___ ___ ___	___ ___

10 Что вы обычно делаете?
Nennen Sie einige Ihrer Angewohnheiten. Gebrauchen Sie dabei die angegebenen Wörter.

1. еда | завтрак | обед | ужин | чай | кофе

   Обычно я гуляю после ______________________

2. работа | урок | ужин

   Я не смотрю телевизор до ______________________

11 Дополните предложения.
Vervollständigen Sie die Fragesätze mit den Fragewörtern чей? чья? чьё? чьи? Verwenden Sie in der Antwort das vorgegebene Possessivpronomen.

Beispiel:

Чей это нож?	(mein)	*Это мой нож.*
1. ______ это чай?	(sein)	______
2. ______ это журнал?	(ihr)	______
3. ______ это ложка?	(Ihr)	______
4. ______ это молоко?	(ihr)	______
5. ______ это блины?	(Eure)	______
6. ______ это собака?	(ihr)	______
7. ______ это кафе?	(unser)	______

12 Множественное число.
Notieren Sie die Substantive im Plural. Setzen Sie Betonungszeichen.

1. Чьи это…

   ______ (дом)?
   ______ (сын)?
   ______ (дочь)?
   ______ (внук)?
   ______ (вино)?
   ______ (номер)?

2. Где ваши…

   ______ (гость)?
   ______ (сосед)?
   ______ (сестра)?
   ______ (муж)?
   ______ (альбом)?
   ______ (семья)?

13 Ты хочешь?.. / Вы хотите?..

Fragen Sie …

1. … jemanden höflich, ob er / sie Hunger hat.
2. …, ob Ihr / Ihre Mann / Frau / Bruder zu Abend essen möchte.
3. …, ob Ihre Gäste Durst haben.
4. … jemanden, ob er / sie Bier möchte.

14 Кого вы ждёте?

Sagen Sie, dass Sie auf folgende Personen warten.

1. Ihre Großmutter ____________________
2. Ihren Vater ____________________
3. Den Bruder ____________________
4. Den Hochschullehrer ____________________
5. Die Tochter ____________________
6. Den Sohn ____________________
7. Herrn Werner ____________________

15 Назовите предложение.

Bringen Sie die Wörter in die richtige Reihenfolge. Nennen Sie jeweilige feste Wendungen.

1. угодно | вам | что

____

2. зарыта | где | вот | собака

____

3. стол | мечи | всё | печи | есть | что | в | на

____

4. как | пишет | лапой | курица

____

16 Вставьте глаголы.

Setzen Sie das passende Verb in der richtigen Form ein.

есть | пить | идти | гулять | спешить | готовить

1. ◗ Лиза, что русские ________________ на завтрак?
   ◗ Бутерброды.
   ◗ А что они __пьют__ ?
   ◗ Чай или кофе.
   ◗ А дети?
   ◗ Мой сын __пьёт__ молоко, а дочь любит кефир.

2. ◗ Лена, здравствуй! Куда ты так ________________ ?
   ◗ В университет.
   ◗ А где твои дочери?
   ◗ Они __гуляют__ в парке. Потом они __идут__ на экскурсию.
   ◗ У вас сегодня гости. Кто же ________________ ужин?
   ◗ Мой муж. Он сегодня дома.
   ◗ Вот это эмансипация!

17 Диалог.

Führen Sie die Fragen und Antworten sinngemäß zu einem Dialog an der Hotelrezeption zusammen.

1. Извините, здесь живёт гость из Германии?
2. Петер Штайнер.
3. Это его комната?
4. Он сейчас здесь?

a. Как его имя и фамилия?
b. Да, его.
c. Нет. Вечером он не сидит в комнате. Он всегда гуляет в парке.
d. Да. Господин Штайнер живёт здесь.

18 Прочитайте записку. Ответьте на вопросы.

a. Lesen Sie den Zettel, den Lena in Ihrem Briefkasten gefunden hat.

> *Лена, привет!*
>
> *Я пишу утром. Ты, наверное, уже в университете?*
>
> *А у меня сюрприз! Сегодня у нас гости из Германии! Но без переводчика трудно разговаривать. А ты уже всё понимаешь и хорошо говоришь по-немецки. Днём мы обедаем у нас дома. После обеда – экскурсия в Кремль. А вечером, после ужина, мы идём в театр. Ждём тебя!*
>
> *Ира*

b. Antworten Sie auf die Fragen.

1. Wann ist Lena in die Uni gegangen?
   - [x] утром
   - [ ] днём
   - [ ] вечером

2. Wann wird Lena bei ihrer Freundin erwartet?
   - [ ] утром
   - [x] днём
   - [ ] вечером

3. Wann findet die Exkursion in den Kreml statt?
   - [ ] утром
   - [x] днём
   - [ ] вечером

19 Напишите SMS.

Schreiben Sie Ihrer russischen Freundin eine SMS. Teilen Sie ihr mit, dass Sie etwas später kommen, weil Sie Ihren Bruder erwarten. Fragen Sie, wann die Exkursion in den Kreml beginnt.

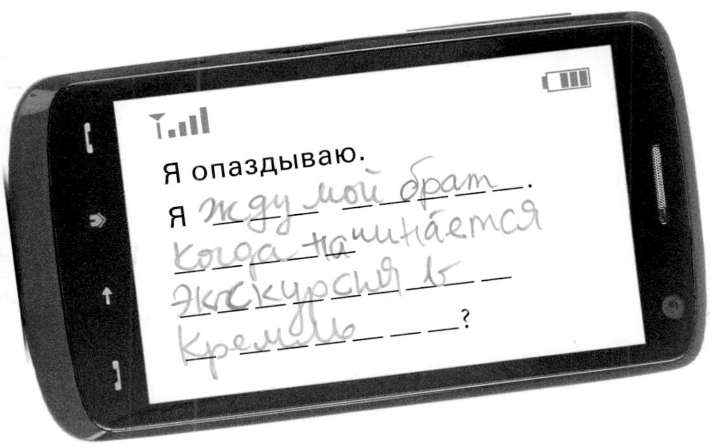

3 Идём в гости, едем в отпуск

1 Заполните пропуски.

a. Tragen Sie die fehlenden Buchstaben ein.

	брать	звать	петь	пить
я	б___ру	з___ву	п___ю	п___ю
ты	б___рёшь	з___вёшь	п___ёшь	п___ёшь
он / она	б___рёт	з___вёт	п___ёт	п___ёт
мы	б___	з___	п___	п___
вы	б___	з___	п___	п___
они	б___	з___	п___	п___

b. Tragen Sie die fehlenden Wortformen ein. Setzen Sie Betonungszeichen.

	идти	ходить	ехать	ездить
я	иду	хожу	еду	езжу
ты	идёшь	ходишь	едешь	ездишь
он / она	идёт	ходит	едет	ездит
мы	идём	ходим	едем	ездим
вы	идёте	ходите	едете	ездите
они	идут	ходят	едут	ездят

2 С мягким знаком или без?

Mit oder ohne Weichheitszeichen? Tragen Sie wo nötig das Weichheitszeichen ein.

1. Когда начинают___ся твои каникулы?
2. Я люблю купат_ь_ся в море.
3. Вы часто купаетес_ь_ в море.
4. Мы обходим___ся без автомобиля.
5. Почему ты так радуеш_ь_ся?
6. Мой отпуск всегда начинает___ся в понедельник.
7. Я тоже обхожус_ь_ без автомобиля.
8. Где ты проводиш_ь_ свободное время?
9. Петя часто купает___ся в реке.
10. Мой сын не любит фотографироват_ь_ся.
11. Как часто ты ездиш_ь_ к бабушке в деревню?
12. Ты хочеш_ь_ ест_ь_?

3 **Составьте диалоги по образцу.**
Bilden Sie kurze Dialoge wie im Beispiel.

Beispiel:
сестра – Ира → ◗ У вас есть сестра?
D Да, у меня есть сестра.
◗ А как её зовут?
D Её зовут Ира.

1. брат – Саша
2. жена – Лена
3. дети – Андрей и Наташа
4. бабушка – Мария Петровна

4 **Допишите окончания.**
Ergänzen Sie die fehlenden Endungen.

1. свободн__ая__ неделя
2. син__ий__ карандаш
3. прекрасн__ая__ хозяйка
4. чёрн__ая__ ручка
5. густ__ой__ лес
6. маленьк__ий__ стол
7. хорош__ее__ утро
8. бел__ый__ хлеб
9. радостн__ые__ дети
10. свободн__ое__ время
11. русск__ие__ туристы
12. вкусн__ый__ сыр
13. син__ее__ кресло
14. приятн__ая__ встреча
15. красн__ые__ розы
16. красив__ая__ природа
17. сер__ый__ велосипед
18. добр__ый__ вечер
19. интересн__ое__ интервью
20. хорош__ий__ день

5 **Составьте диалоги по образцу.**
Bilden Sie Dialoge wie im Beispiel.

Beispiel:
квартира – большой → ◗ У тебя есть квартира?
D Да, есть.
◗ Какая у тебя квартира?
D У меня большая квартира.

1. машина – жёлтый
2. гараж – маленький
3. дом в деревне – старый
4. краски – акварельный
5. салфетки – синий
6. кофе – чёрный
7. чай – зелёный
8. работа – интересный

6 Вставьте подходящие по смыслу слова.

Vervollständigen Sie sinngemäß die Sätze. Achten Sie auf die Endung der Adjektive.

хороший | русский | акварельный | красный | вкусный | добрый | чёрный | зелёный | свободный

1. После обеда мы пьём __________ или __________ чай.
2. В __________ время я гуляю в парке или читаю.
3. Мама готовит сегодня __________ обед.
4. Аня очень любит рисовать. Это её __________ краски.
5. Катенька, ты какой цвет любишь? – Я люблю __________ цвет.
6. Светлана Ивановна очень __________ преподаватель.
7. Иванов, Кузнецов и Петров – это __________ фамилии.
8. В начале дня говорят «__________ утро!».

7 Образуйте множественное число.

Formulieren Sie die Pluralform der angegebenen Wortverbindungen.

1. быстрая река
2. синяя палатка
3. белая ночь
4. жёлтый цветок
5. серая птица
6. маленькая чашка
7. вкусный сыр
8. приятное слово
9. прекрасное место
10. хороший хозяин
11. русская семья
12. красивый цвет

8 Множественное число.

Schreiben Sie die Substantive heraus, die keine Pluralform haben.

закуска | кафе | вокзал | хозяйка | яйцо | еда | велосипед | автомобиль | трамвай | метро | анкета | пиво | обед | вторник | гора | среда | сахар | мост | интервью | радио | деревня | год | класс | воскресенье | вино | неделя | поезд | солнце | соль | прибор | автобус | школа | семья | лес

кафе соль
метро интервью
еда
пиво
сахар
радио

9 **Впишите в таблицу существительные во множественном числе из упражнения 8. Проставьте ударения.**

Bilden Sie von den pluralfähigen Substantiven aus Übung 8 die Pluralform und ordnen Sie die Wörter der jeweiligen Endung zu. Setzen Sie Betonungszeichen.

Maskulinum			Femininum		Neutrum
-ы	-и	-а	-ы	-и	-а, -я
вокзалы				закуски хозяйки	яйца

10 **Дни недели.**

a. Nennen Sie die Wochentage, die hier fehlen.

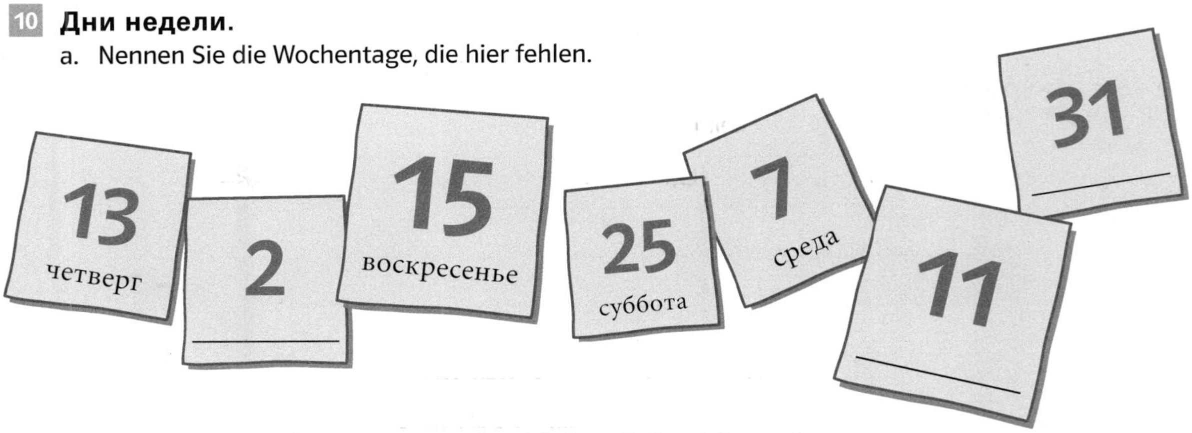

b. Schreiben Sie die Wochentage in der richtigen Reihenfolge auf:

1. понедельник
2. вторник
3. среда
4. четверг
5. пятница
6. суббота
7. воскресенье

11 **Грамматика.**
Was wissen Sie bereits? Füllen Sie die Felder der Tabelle zu den Fällen aus, die Sie bereits kennen.

	Maskulinum	Femininum
Nominativ	Андрей Чехов студент гость отец дедушка	Анна Каренина жена сестра мама мать дочь
Genitiv	______ ______ ______ ______ ______ ______	______ ______ ______ ______ ______ ______
Dativ	______ ______ ______ ______ ______ ______	______ ______ ______ ______ ______ ______
Akkusativ	______ ______ ______ ______ ______ ______	______ ______ ______ ______ ______ ______
Instrumental		
Präpositiv		

12 Составьте диалоги по образцу.
Bilden Sie Dialoge wie im Beispiel.

Beispiel:
журнал – Ольга → ◗ Чей это журнал?
D Это журнал Ольги.
◗ Ты это точно (genau) знаешь?
D Да, это её журнал.

1. машина – Борис
2. книги – гость
3. чашка – мама
4. велосипед – студент
5. самовар – бабушка и дедушка
6. газета – Андрей

13 Употребите слова, стоящие в скобках, в правильном падеже.
Gebrauchen Sie die Wörter in Klammern im richtigen Kasus.

1. Я часто хожу к… (море, река).
2. Мы живём в… (деревня, центр города, Москва, Лондон).
3. Мой сын живёт недалеко от… (вокзал, мост через реку, кафе, школа, метро, библиотека, улица Пушкина, Мюнхен).
4. Вся семья обходится без… (машина, велосипед, такси, гараж).
5. Дети едут в школу на…(автобус, велосипед, трамвай).
6. Мы едем в Тверь к… (дочь, сын, мама, тётя, внук, внучка).
7. Я жду… (гость, сосед, брат, сестра, дочь, преподаватель, коллега, хозяин, хозяйка).
8. Мой отпуск начинается через… (день, неделя, месяц, год).

14 Сформулируйте вопросы.
Stellen Sie Fragen zu den unterstrichenen Wörtern.

1. Саша едет в школу на велосипеде.
2. Хозяева приветствуют гостя.
3. Утром мои дети едут на трамвае в школу.
4. На столе стоит зелёная лампа.
5. У Кати каникулы, и она едет в деревню к бабушке.
6. Ваня радуется солнцу, ветру и свободе.
7. Дети ходят в школу пешком, потому что школа рядом.
8. Сегодня пятница.
9. Андрей знает, что его гость хорошо говорит по-русски.
10. Сегодня господин Вернер идёт на улицу Пушкина. Он идёт в гости.
11. Книга Кати лежит на полке.
12. Это наш гость из Москвы.
13. В воскресенье мы едем за город отдыхать.
14. Через неделю у Ани начинаются каникулы.
15. Дети Ирины Николаевны любят купаться и загорать.
16. Его машина стоит в гараже.
17. В воскресенье мы едем к сыну.

15 Дополните окончания.
Ergänzen Sie die fehlenden Endungen.

- ◗ Сегодня мы идём в гости к Андре______ Попов______ . Он живёт в центре города. Это далеко?
- ▷ Нет. Это на улиц______ Чехов______ . Это красив______ син______ дом. В доме маленьк______ кафе. Там очень хорош______ кофе. Дом маленьк______ , но очень красив______ .

16 Составьте тексты.
Bilden Sie aus den angeführten Textausschnitten zusammenhängende Texte, die zu den Überschriften passen. Tragen Sie die Nummer der jeweiligen Ausschnitte in der richtigen Reihenfolge ein.

Отпуск в столице

____

Чёрное море ждёт

____

1. Москва – столица (Hauptstadt) России. Туристы всегда посещают Кремль и Красную площадь. В городе много памятников архитектуры и истории. Но Москва также и новый, современный город. Здесь хорошо жить, работать и отдыхать.

2. Это столица Олимпиады 2014. Это город спортсменов, чемпионов и гостеприимных людей.

3. Здесь всегда много туристов, спортсменов, гостей, ведь это столица Олимпиады 1980, столица Чеховского театрального фестиваля. Это большой культурный центр.

4. Сочи – это прекрасный отдых в России: солнце, море, горы. Сочи – это не только красивая природа, новые впечатления и фрукты круглый год. В городе есть новые спортивные сооружения: стадионы, теннисные корты, бассейны.

17 **Переведите.**
Übersetzen Sie.

1. Womit fahren Sie zur Arbeit?
2. Gehen Sie oft auf den Markt?
3. Wohin geht Ihr Sohn morgens?
4. Gehen Sie jetzt in die Bibliothek?
5. In einem Monat fahren wir ans Meer.
6. In die Schule gehe ich zu Fuß.
7. Mein Mann fährt immer mit dem Zug zur Arbeit.
8. Wohin fahrt ihr am Samstag?

18 **Отпуск и гостиницы.**
Lesen Sie Informationen über zwei Hotels in Suzdal. Markieren Sie, was die Hotels unter anderem bieten.

Семейная гостиница
«Русский дом»

Семейная гостиница «Русский дом» находится на территории Александровского монастыря. У нас тихо и красиво. Гостиница небольшая – на 3 семьи. В каждом номере есть гостиная с камином, спальня, ванная комната, телевизор, холодильник. На территории гостиницы есть русская баня, автопарковка. Организуем экскурсии по Суздалю.

Гостиница
«Суздаль»

Гостиничный комплекс «Суздаль» предлагает всё для комфортного отдыха в Суздале: комнаты на 1, 2 или 3 места, ресторан, кафе, парковку для вашего авто, медицинское обслуживание. У нас есть финская сауна, русская баня, спортивный зал.

Мы всегда рады нашим гостям!

	«Русский дом»	«Суздаль»
1. Großes Hotel		
2. Familienhotel		
3. Zimmer für 3 Personen		
4. Restaurant		
5. Sauna		
6. Parkplatz		
7. TV		
8. Exkursionen		

4 Покупаем и дарим

1 **Найдите и впишите в таблицу слова с мягким знаком.**
Schreiben Sie sechs Wörter heraus, in denen das Weichheitszeichen fehlt.

пят_десят   сем_десят   восем_сот   двес_ти   шест_десят   сем_надцать   восем_десят   сем_сот   пят_надцать   шест_надцать

______________________ ______________________
______________________ ______________________
______________________ ______________________

2 **Впишите «з» или «с».**
Ergänzen Sie.

в___ять	выра___ти	пе___ня	эк___кур___ия
___амовар	ска___ать	му___ыка	пригла___ить
обя___ательно	вишнёвый ___ад	телеви___ор	дру___ья
ри___унок	кас___а	напи___ать	пое___д
мага___ин	бе___едовать	ва___а	вок___ал

3 **Расположите числа в правильном порядке.**
Bringen Sie die Zahlen in die richtige Reihenfolge. Beginnen Sie mit der kleinsten Zahl.

тринадцать | сорок восемь | четыре | двадцать два | пятьдесят девять | сто пять | девяносто три | триста | сто тридцать восемь | тридцать четыре | семь | шестьдесят семь | четыреста один | четырнадцать

1. ______________________
2. ______________________
3. ______________________
4. ______________________
5. ______________________
6. ______________________
7. ______________________
8. ______________________
9. ______________________
10. ______________________
11. ______________________
12. ______________________
13. ______________________
14. ______________________

4 Найдите слова.
Finden Sie zehn Wörter in der Wörterschlange. Markieren Sie den Buchstaben, mit dem jeweils ein Wort endet und das nächste beginnt.

велосипедиваножурналампальбомясобедомашина

5 Впишите слова в предложения.
Vervollständigen Sie die Sätze mit Wörtern aus Übung 4. Achten Sie auf den Kasusgebrauch.

1. Этот ________________ стоит 870 евро.
2. Чёрный ________________ стоит 990 рублей.
3. Четыре ________________ стоят 80 рублей.
4. ________________ «Лиза» стоит 18 рублей.
5. Зелёная ________________ стоит 29 рублей.
6. Два ________________ стоят 12 рублей.
7. Это ________________ стоит 350 рублей.
8. В ресторане ________________ стоит 522 рубля.
9. Наш ________________ стоит 1 000 000 рублей.
10. Моя ________________ стоила 20 000 евро.

6 Напишите числа словами.
Schreiben Sie nun die Preise aus Übung 5 in Wörtern.

1. восемьсот семьдесят евро
2. ________________
3. ________________ рублей
4. ________________
5. ________________
6. ________________
7. ________________
8. ________________
9. ________________
10. ________________

7 Что сколько стоит?

a. Sehen Sie die Sonderangebote eines Lebensmittelgeschäfts durch.

b. Schreiben Sie in Wörtern aus, wie viel Geld Sie für die einzelnen Lebensmittel auf Ihrem Einkaufszettel brauchen und wie viel Geld Sie dank Sonderangeboten sparen.

Einkaufen

1. Wurst 0,5 kg — *3. Fisch 0,6 kg*

2. ein Brathähnchen — *4. ein Glas grüne Erbsen*

1. ______________________________

____

2. ______________________________

____

3. ______________________________

____

4. ______________________________

____

c. Schreiben Sie den ausgegebenen Gesamtbetrag auf Russisch aus.

____

8 **Проспрягайте глаголы.**
Konjugieren Sie die angegebenen Verben.

	праздновать	спать	помочь	встать
я	______	______	______	______
ты	______	______	______	______
он / она	______	______	______	______
мы	______	______	______	______
вы	______	______	______	______
они	______	______	______	______

9 **Образуйте прошедшее время.**
Benutzen Sie das Verb im Präteritum.

1. Мои дети ______ (вырасти) в деревне.
2. По этой улице я вчера ______ (идти) в театр.
3. Вы летом ______ (купаться) в море?
4. Кто ______ (взять) мою сумку?
5. Где ты ______ (заработать) так много денег?
6. Вы ______ (понять), что я ______ (сказать)?
7. Что ваша дочь ______ (есть) и ______ (пить) вечером?

10 **Переведите.**
Übersetzen Sie.

1. Abendkleid вечернее платье
2. Handarbeit ______
3. Kirschgarten ______
4. Aquarellfarbe ______
5. Freizeit ______
6. Lieblingslied ______
7. Stadtzentrum центр города
8. Geburtstag ______
9. Hausnummer ______
10. Schulfenster ______
11. Stadtarchitektur ______
12. Treffpunkt ______

11 Заполните пропуски.
Füllen Sie die Lücken aus.

У кого?			
я	У меня есть брат.	мы	________
ты	У ________	вы	________
он	________	они	________
она	________		

12 Поставьте вопросы.
Fragen Sie nach den Sachen, die Sie auf den Bildern sehen.

Beispiel:  (ты) → У тебя есть матрёшка?

1. (он) ________
____

2. (они) ________
____

3. (он) ________
____

4. (она) ________
____

5. (мы) ________
____

6. (он) ________
____

13 **Расскажите, что вы делали сегодня.**
Beschreiben Sie den Tagesablauf nach dem Beispiel.

Beispiel:
я: дома – университет – родители
→ Утром я была дома. Потом я была в университете. Вечером я была у родителей.

1. Мы: школа – кафе – парк

____

2. Они: магазин – экскурсия – ресторан

____

3. Вы: работа – рынок – гараж

____

4. Он: библиотека – дача – друзья

____

14 **Выберите глаголы.**
Setzen Sie die passenden Verben in der richtigen Form ein.

1. строить | построить

◗ Когда вы ______________ дачу?
◗ Два года назад.
◗ Мы тоже уже скоро ______________ дом. Ждём вас в гости!

2. покупать | купить

◗ Где ты ______________ такие сувениры?
◗ В центре. В магазине «Сувениры».
◗ Завтра мы тоже будем ______________ сувениры. На какой улице этот магазин?
◗ На Старом Арбате.

3. дарить | подарить

◗ Что ты вчера ______________ брату на день рождения?
◗ Книгу.
◗ Это очень хороший подарок! Я теперь тоже буду ______________ книги.

4. советовать | посоветовать

◗ Кто тебе ______________ пить летом зелёный чай?
◗ Мой отец. Я понял, как это хорошо, и теперь всегда жене ______________ пить зелёный чай.

15 Составьте диалоги по образцу.
Bilden Sie Dialoge wie im Beispiel.

Beispiel: учиться: университет – школа → ◗ Где ты учишься?
D Сейчас я учусь в университете.
◗ А где ты учился год назад?
D В школе.

1. жить: город – деревня

◗ Где ______________________________?
D ______________________________.
◗ ______________________________?
D ______________________________.

2. работать: школа – библиотека

◗ Где ______________________________?
D ______________________________.
◗ ______________________________?
D ______________________________.

3. ходить после уроков: интернет-кафе – библиотека

◗ Куда ______________________________?
D Обычно ______________________________.
◗ ______________________________?
D ______________________________.

4. читать по-немецки: хорошо – плохо

◗ Как ______________________________?
D ______________________________.
◗ ______________________________?
D ______________________________.

16 Прочитайте названия этих произведений.
Lesen Sie die Titel der Werke. Sagen Sie, wie die Titel auf Deutsch heißen.

Три мушкетёра

Два капитана

1001 ночь

17 **Вставьте подходящие по смыслу глаголы.**
Setzen Sie in die Lücken passende Verben in der richtigen Form ein.

прочитать | получить | построить | нарисовать | пригласить | приготовить | взять | написать

1. Мама ______________________ обед.
2. Олег ______________________ на день рождения много гостей.
3. Я ещё не ______________________ эту книгу. Я ______________________ её в библиотеке неделю назад.
4. Ты уже ______________________ моё письмо? Я его ______________________ месяц назад.
5. Кто ______________________ такой интересный дом?
6. Эту картину художник ______________________ год назад.

18 **Загадка.**
Lösen Sie das Rätsel.

Nennen Sie auf Russisch drei Tage, ohne Zahlen oder Namen der Wochentage zu gebrauchen.

19 **Прочитайте письмо. Впишите слова и окончания.**
Lesen Sie den Brief. Setzen Sie fehlende Wörter oder Endungen ein.

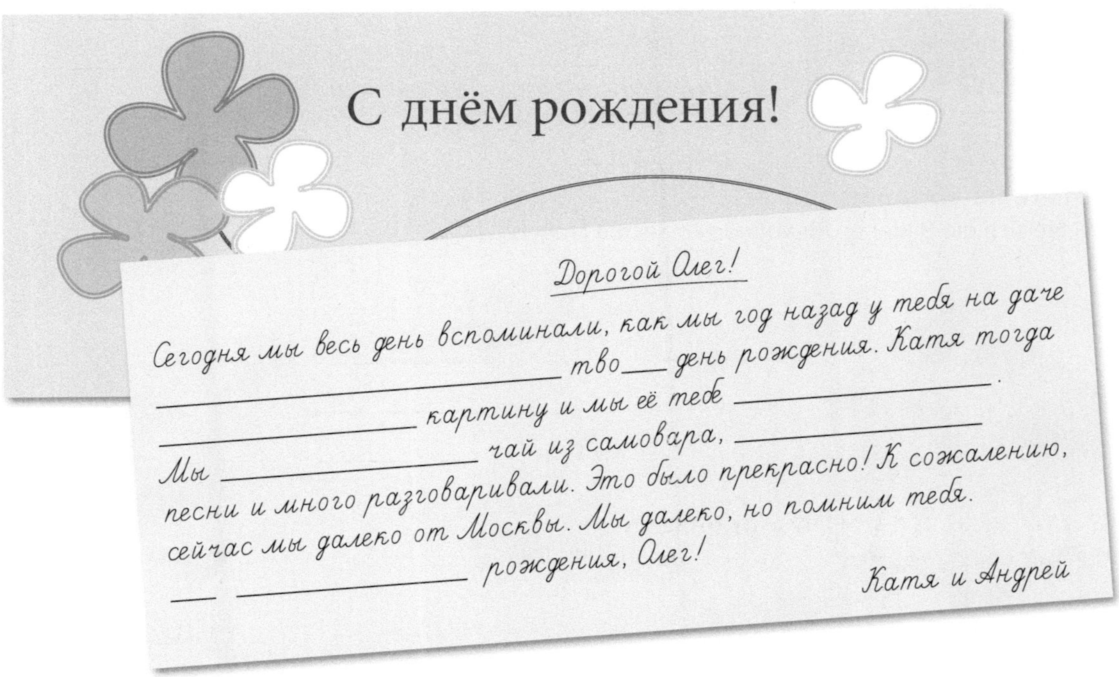
С днём рождения!

Дорогой Олег!

Сегодня мы весь день вспоминали, как мы год назад у тебя на даче ______________________ тво___ день рождения. Катя тогда ______________________ картину и мы её тебе ______________________. Мы ______________________ чай из самовара, ______________________ песни и много разговаривали. Это было прекрасно! К сожалению, сейчас мы далеко от Москвы. Мы далеко, но помним тебя. ___ ______________________ рождения, Олег!

Катя и Андрей

20 **Переведите сообщение.**
Übersetzen Sie die folgende E-Mail.

Von: Kurt Eisler <k.eisler@mail.de> An: Katja Sacharov <Katja.Sa@mail.ru>
Betreff: Moskau Datum: 22-11-2010

Hallo Katja!

Wie geht es dir? Ich fahre am Samstag nach Moskau. Olja und Viktor haben mich eingeladen. Olja hat am Sonntag Geburtstag. Ich weiß nicht, was ich ihr schenken soll. Du kennst sie doch gut. Kannst du mir etwas empfehlen?

Bis bald, Kurt

21 **Найдите подходящие слова.**
Finden Sie zu folgenden Anlässen einen, beziehungsweise zwei, passende Gratulationssprüche. Tragen Sie die Nummer des jeweiligen Spruchs in die entsprechende Spalte ein.

Geburtstag	Einstieg ins Berufsleben	Urlaubsreise	Neujahr

1 С Новым годом поздравляем! Счастья, радости желаем!

2 Желаем хорошо отдохнуть!

3 Поздравляю с днём рождения! Желаю счастья, здоровья, удачи!

4 Счастливой жизни, долгих лет!

5 Успеха везде и во всём!

6 Желаю солнца и тепла!

22 **Ответьте на вопросы.**
Sehen Sie sich die Bilder an. Beantworten Sie die Fragen.

1. Сколько здесь собак?
2. Сколько птиц?
3. Сколько у них лап?

23 **Прочитайте информацию. Отметьте правильный ответ.**
Lesen Sie die Information über ein großes Einkaufszentrum und die folgenden Aufgaben. Markieren Sie die richtigen Lösungen.

продукты	1 этаж
парфюмерия, косметика	1 этаж
мужская и женская одежда	2 этаж
всё для детей	3 этаж
телевизоры, компьютеры, видео	4 этаж
сувениры, подарки	4 этаж

1. Вы хотите купить матрёшку. Вы идёте…
   - на 3 этаж
   - на 4 этаж

2. Вы хотите купить мужу пальто. Вы идёте…
   - на 2 этаж
   - на 3 этаж

3. Вы хотите купить подарок дочери. Ей 5 лет. Вы идёте…
   - на 4 этаж
   - на 3 этаж

4. Вы хотите купить жостовский поднос. Вы идёте…
   - на 1 этаж
   - на 4 этаж

5 Учимся и читаем

1 **Заполните пропуски.**
Füllen Sie die Lücken aus.

1. «ж», «ч», «ш» или «щ»?

маль___ик	москви___и	ле___ать	пе___ком
худо___ник	буду___ий	ло___ка	поло___ить
моро___еное	матрё___ка	кори___невый	боль___ой
ме___ать	зна___ить	обе___ать	су___ествовать
настоя___ий	у___итель	нару___ать	пиро___ок

2. «и» или «ы»?

маш___на	лекц___я	спеш___ть	Франц___я
гараж___	хорош___й	улиц___	месяц___
ч___тать	коллекц___я	уж___нать	соц___ализм
немц___	овощ___	получ___ть	предпоч___тать
нач___наться	дач___	нож___	ноч___

3. «а» или «я»?

ч___шка	изуч___ть	оформл___ть	при___тно
обещ___ть	биологи___	впеч___тление	меш___ть
п___тница	зан___тие	ц___рь	оформл___ть

2 **Найдите слова.**

a. Welche Verben sind in der Schlange versteckt? Trennen Sie die Verben durch einen Strich.

сдаватьбратьестьсказатьпокупатьсдатьсъестьвзятьговоритькупить

b. Bestimmen Sie die Aspektpartner, indem Sie die gefundenen Verben einander zuordnen.

________________ – ________________ ________________ – ________________

________________ – ________________ ________________ – ________________

________________ – ________________

3 Выберите правильную форму.
Wählen Sie die passende Form und tragen Sie sie in die Lücke ein.

1. Олю | Оле | Олей

   Таня мешает ______________________.

2. к работе | о работе | на работу

   Виктор Андреевич спешит ______________________.

3. Коля и Катя | Колю с Катей | Колей и Катей

   Познакомь ______________________.

4. с соседом | соседом | соседа

   Степан Иванович часто беседует ______________________.

5. Чем | О чём | Чему

   ______________ ты так радуешься?

6. вам | вы | вас

   Какие книги __________ интересуют?

7. на сестру | о сестре | за сестрой

   Я слежу ______________________.

8. иностранные студенты | иностранный студент | иностранных студентов

   В Гейдельбергском университете учатся ______________________.

9. мне | меня | у меня

   Позвоните ______________________, пожалуйста, вечером.

10. день рождения | ко дню рождения | с днём рождения

    Не забудьте поздравить друга ______________________.

11. Германию | Германии | Германией

    Катя уже получила из ______________ много писем.

4 Найдите соответствия.
Verbinden Sie russische und deutsche Entsprechungen durch Pfeile.

1. так	warum?
2. зачем?	wo?
3. там	wozu?
4. куда?	da, hier
5. вот	wohin?
6. почему?	dort
7. где?	so

8. откуда?	auch
9. когда?	dann
10. кого?	wie?
11. тоже	nach
12. как?	wann?
13. затем	wen?
14. после	woher?

5 Продолжите предложения по образцу.

Setzen Sie die Sätze wie im Beispiel fort. Verwenden Sie die unterstrichenen Wörter oder Wortverbindungen im Präpositiv.

Beispiel:
Это Новгород. Мой друг много рассказывал мне _о Новгороде_.

1. Это книга Гиляровского «Москва и москвичи». Автор написал много интересного ______________.
2. В Петербурге много музеев. Этот фильм рассказывает ______________ Петербурга.
3. Вчера я получила письмо от родителей. Я ещё не сказала брату ______________.
4. В понедельник у нас в школе занятия весь день. Я уже в воскресенье начинаю думать о ______________.
5. После каникул мой сын будет учиться в новой школе. Там новые учителя. Расскажи мне ______________.
6. Во время похода мать и дочь заблудились (haben sich verirrt). Туристы весь день ничего не знали о ______________.
7. Сейчас мы изучаем моря и реки России. У вас есть книги ______________?

6 Кто что любит?

Schreiben Sie Antworten auf die Frage in der Überschrift, indem Sie die Lücken sinngemäß mit passenden Wörtern füllen.

сметана (saure Sahne) | вода | лимонад | вино | пиво | лимон

Beispiel: Русские _любят_ борщ со _сметаной_

1. Немцы ______________ сосиски (Würstchen) с ______________.
2. Итальянцы ______________ кофе «эспрессо» с ______________.
3. Французы ______________ сыр с ______________.
4. Мой отец ______________ чай с ______________.
5. Дети ______________ мороженое с ______________.

7 **Составьте предложения.**
Bilden Sie Sätze. Beachten Sie dabei die Zeitvorgaben in Klammern.

1. Я – хотеть – стать – музыкант (Präsens bzw. Präteritum)
2. У – Катя – сегодня – три – лекция – и – два – семинар
3. Володя – сейчас– 20 – лет – и – он – уже – учиться – в – университет
4. В – какой – день – неделя – у – вы – лекция – по – литература – ?
5. Я – стать – экскурсовод – и – знакомить – туристы – с – Москва (Futur)
6. Отец – с – дочь – после – завтрак – пойти – в – школа (Futur)
7. Дети – обычно – любить – пирожки – с – капуста – и – чай – с – сахар
8. Мы – искать – книги – о – Париж – и – Прага (Präsens)
9. Вы – мочь – определить – когда – в – Москва – быть – выставка «Пушкин и Гёте» – ?
10. Когда – ты – исполниться – 25 – год – ? (Futur bzw. Präteritum)
11. Петя – пойти – гулять – с – собака (Präteritum bzw. Futur)
12. Костя – не – забыть – купить – для – Аня – цветы (Präteritum)

8 **Вставьте пропущенные слова в правильной форме.**
Lesen Sie den Zettel, den eine Bibliothekarin für ihre Kollegin hinterlassen hat. Vervollständigen Sie ihn, indem Sie die jeweils passenden Wortverbindungen in die Lücken eintragen.

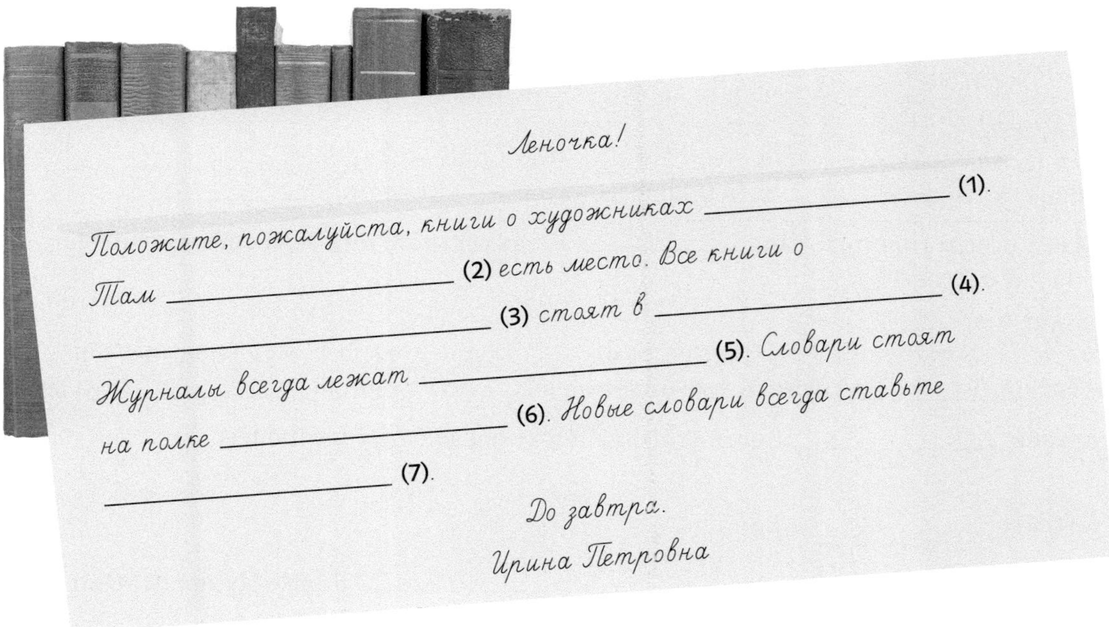

Леночка!

Положите, пожалуйста, книги о художниках ________ (1). *Там* ________ (2) *есть место. Все книги о* ________ (3) *стоят в* ________ (4). *Журналы всегда лежат* ________ (5). *Словари стоят на полке* ________ (6). *Новые словари всегда ставьте* ________ (7).

До завтра.
Ирина Петровна

1. в шкаф | в шкафу
2. за них | для них
3. художников и музеев | художниках и музеях
4. шкафа | шкафу
5. на полке | на полку
6. под журналы | под журналами
7. на месте | на место

9 **идти – ходить – пойти**
Gebrauchen Sie im Dialog passende Verben aus der Übungsüberschrift.

> Ленинка – umgangssprachliche Kurzform für „Библиотека имени Ленина“. So hieß früher die Russische Staatsbibliothek in Moskau. Die umgangssprachliche Kurzform ist bis heute üblich.

- ◗ Привет, Олег! Ты ________________ сегодня на лекцию по литературе?
- ◗ Нет, сегодня я не могу ________________, а завтра ________________ обязательно.
- ◗ А куда ты сейчас ________________?
- ◗ В Ленинку. Я всю неделю туда ________________. Там есть все книги и все авторы!
- ◗ Тогда я тоже туда ________________. После лекции.

10 **Проверьте, как вы знаете указанные глаголы.**
Prüfen Sie, ob Sie die angegebenen Verben richtig verwenden können.

1. дать

«Когда ты __________ мне словарь?» – «После занятий я __________ словарь Нине, а она __________ его тебе завтра».

2. следить

«Ваня, а ты ______________ в школе за Катей?» – «Конечно ______________. Мама всегда говорит: Ваня, ______________ за сестрой, она ведь ещё маленькая».

3. мочь

«Ты ______________ купить мне билет на выставку?“ – «Я не ______________, а мои друзья ______________. Костя и Миша после обеда будут в городе».

4. искать

«Вы что так долго ______________?» – «Я ______________ новые журналы. Они были на полке». – «Не ______________. Там их уже нет. Они теперь в шкафу».

5. ездить

«На чём вы ______________ на работу?» – «Я ______________ на машине, а моя жена – на метро». – «А дети тоже ______________ на метро?» – «Нет, они ходят пешком или ______________ на трамвае. Школа недалеко от дома».

6. прийти

a. «Ольга Александрована, _______________, пожалуйста, в школу завтра утром». – «Хорошо, а кто ещё _______________?» – «Родители Светы и Тани».

b. «Когда ты завтра _______________ из университета?» – «Завтра я _______________ только вечером».

7. пойти

a. «Вы хотите _______________ сегодня в музей?» – «Нет, сегодня я _______________ на экскурсию, а в музее я был вчера».

b. «Галя, с кем ты _______________ на выставку?» – «С подругой».

8. познакомить

a. «Хочешь, я тебя _________________ с другом?» – «Нет, друга я уже знаю. Теперь _________________ меня с подругой».

b. Вчера Коля _________________ меня с родителями.

11 **Вставьте пропущенные предлоги.**
Ergänzen Sie die fehlenden Präpositionen.

в | у | с | к | из | после | о | от | на

В пятницу Лена приехала ______ (1) Казань. ______ (2) субботу утром она ______ (3) трамвае поехала ______ (4) центр города. Она знала, что там утром будет экскурсия ______ (5) Казанский кремль. ______ (6) экскурсию она хотела пойти ______ (7) Ирой и Колей. Ира и Коля вместе ______ (8) Леной учатся ______ (9) университете и изучают немецкий и английский языки. Лена и её друзья пошли ______ (10) кассе и купили билеты. У входа в кремль они увидели экскурсоводов и туристов: из России, Германии и Франции. «Ну, и ______ (11) кем же мы пойдём ______ (12) экскурсию?» – спросила Ира. «Конечно же, с немцами», – ответил Коля. Ведь экскурсовод будет говорить по-немецки, и мы всё поймём. Потом мы сможем познакомиться с туристами ______ (13) Германии. Я думаю, ______ (14) нас ______ (15) экскурсии будет время. Можем пригласить их ______ (16) кафе. Мы им расскажем ______ (17) Москве, а они нам ______ (18) Германии».
В воскресенье вечером Лена, Ира и Коля ехали домой – в Москву. ______ (19) экскурсии в Казанский кремль ______ (20) них было очень много впечатлений.

12 Переведите вопросы. Впишите вопросы перед подходящими по смыслу ответами.
Übersetzen Sie die Fragesätze und schreiben Sie diese vor die passenden Antworten.

Olga, welche Hose empfiehlst du mir zu kaufen? | Katja, du arbeitest im Café schon seit zwei Wochen. Wie viel hast du denn verdient? | Viktor, wo hast du den ganzen Tag gesteckt? | Darf ich die Zeitung nehmen? | Wissen Sie, wann dieses Haus gebaut wurde?

1. ◗ ______________________________

   ▷ Тысячу рублей.

2. ◗ ______________________________

   ▷ Вот эти джинсы. Они всегда модные.

3. ◗ ______________________________

   ▷ Конечно, бери. Я её уже прочитал.

4. ◗ ______________________________

   ▷ У брата сегодня день рождения. Мы были в кафе, а потом ходили в кино.

5. ◗ ______________________________

   ▷ 250 лет назад.

13 Найдите продолжение.
Finden Sie für jeden angefangenen Satz die passende Fortsetzung.

1. Галине Александровне уже 65 лет,..
2. Вы можете определить,..
3. Вначале мы съели салат,..
4. У нас лекция по биологии была в понедельник,..
5. Иногда Таня идёт в школу с папой,..
6. Я позвоню Ирине и скажу,..
7. Коля сегодня обедает в буфете,..
8. Во время перемены дети идут в школьный буфет,..

a. потому что она ещё маленькая.
b. а у вас будет во вторник.
c. а потом купили мороженое.
d. потому что он забыл бутерброды дома.
e. но она всё ещё работает преподавателем в университете.
f. и покупают там пирожки и бутерброды.
g. сколько лет назад в России была перестройка?
h. что я завтра не могу прийти на занятия.

14 **Кросворд.**

Ergänzen Sie den Satz durch die entsprechende Berufsbezeichnung. Lesen Sie das Lösungswort.

Я стану...

									к	а	п	и	т	а	н	о	м
1.																	
2.																	
3.																	
4.												й					
5.																	
6.													й				
7.																	
8.											и						

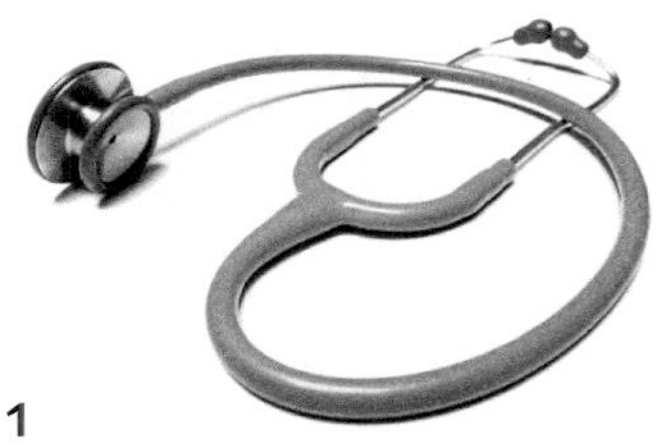
1

2

3

4

5

6

7

8

15 Измените предложения.
Verändern Sie die Sätze, indem Sie die unterstrichenen Wörter durch Gegenbegriffe ersetzen.

Beispiel:
Вы плохо пишете по-русски. → Вы хорошо пишете по-русски.

1. Я забыл, как зовут подругу Коли.
2. Утром я обычно ем очень мало.
3. Я работаю уже две недели.
4. Вчера я встала очень рано.
5. Мои родители хотят жить только в городе.
6. Дайте, пожалуйста, эту книгу.
7. В эту школу я хожу очень часто.
8. Вчера я купила белое платье.
9. Кому вы продаёте сувениры?
10. В комнате стоял большой стол.
11. Все говорят, что Василий Николаевич плохой футболист.

16 Переведите диалоги.
Übersetzen Sie die Dialoge.

1. ◗ Anna Michajlowna, haben Sie zwei Töchter oder zwei Söhne?
   D Ich habe zwei Söhne.
   ◗ Und wie heißen sie?
   D Petja und Wanja.
   ◗ Wie alt sind sie?
   D Petja ist zwölf und Wanja fünf.
   ◗ Also wird Wanja noch ein Jahr in den Kindergarten gehen?
   D Ja, aber wir suchen schon jetzt eine Schule für ihn.
   ◗ Und was erzählt Petja über die Schule?
   D Dort gibt es eine strenge Lehrerin in Mathematik.

2. ◗ Mein Sohn isst sehr schlecht. Gestern nahm er in die Schule nur einen Apfel mit und hat ihn nicht gegessen.
   D Und Aljoscha geht immer in den Schulimbiss. Dort gibt es doch leckere kleine Pasteten.
   ◗ Mit Marmelade?
   D Nicht nur mit Marmelade. Es gibt auch kleine Pasteten mit Fleisch und Kohl.
   ◗ Wissen Sie, wie viel die Pasteten kosten?
   D Die mit Kohl vier Rubel, und mit Fleisch – zehn Rubel.

3. ◗ Galja, was wirst du trinken? Tee oder Kaffee?
   D Kaffee.
   ◗ Mit Milch?
   D Ohne Milch, aber mit Zucker.

17 Какие слова можно соединить?

Kreuzen Sie die Substantive an, die sich mit den angegebenen Attributen verbinden lassen.

1. иностранный
   - язык
   - студент
   - портфель
   - турист
2. государственный, -ая
   - музей
   - читальный зал
   - университет
   - библиотека
3. юбилейный, -ая
   - год
   - выставка
   - вечер
   - актриса
4. будущий, -ая, -ее
   - мать
   - место работы
   - автор
   - формуляр
5. английский
   - человек
   - язык
   - словарь
   - чай
6. строгий, -ая; -ие
   - перестройка
   - правила
   - отец
   - преподаватель

18 Напишите имейл.

Bald wird Ihr Sohn eingeschult. Sie sehen sich nach einer Schule um und schreiben Ihrer Freundin Nina, die als Grundschullehrerin tätig ist, eine E-Mail. Fragen Sie sie folgende Dinge.

1. Wie sind die Lehrer in der Schule?
2. Wer passt auf die Kinder während der Pause auf?
3. Befinden sich die Kinder den ganzen Tag in der Schule?
4. Wie viel Tage in der Woche gehen die Kinder zur Schule?

Нина, привет!

Вчера у Миши был день рождения. Ему теперь 6 лет. Скоро он пойдёт в школу. Напиши мне, пожалуйста:

1. ____________________
2. ____________________
3. ____________________
4. ____________________

Пока.
Наташа

19 **Прочитайте статью. Найдите ответы на вопросы.**

a. Lesen Sie den Zeitungsartikel.

Пять или шесть?

Родители, учителя, врачи обсуждают продолжительность школьной недели

Сегодня суббота. Но моя дочь уже собралась в школу. В субботу у неё пять уроков: физкультура, русский язык, физика, алгебра и английский язык.

Почему дети учатся шесть дней в неделю?

Директор школы говорит, что при шестидневной неделе по основным предметам[1] можно проводить больше[2] занятий. Пять или шесть дней учиться школьникам – определяет Совет школы[3]. А родители и школьники хотят иметь больше уроков по основным предметам. Ведь по этим предметам они все будут сдавать ЕГЭ (единый государственный экзамен). Пять дней в неделю учатся только ученики начальной школы. А потом школьники учатся, как правило, шесть дней в неделю.

Что думают об этом специалисты?

Школьный врач:

«Чтобы не учиться в субботу, школьники сидят по семь-восемь уроков в день. Для детей это очень и очень трудно! Я думаю, полезнее[4] делить школьные занятия на шесть дней».

Школьный учитель:

«В школе должна быть, конечно, пятидневка. А в выходные дни здесь можно проводить спортивные и культурные мероприятия с участием детей и родителей. Контакты семьи со школой очень полезны».

1 Grundfächer **2** mehr **3** Schulbeirat **4** gesünder

b. **Wählen Sie richtige Antworten auf die Fragen.**

1. Wer ist für die 6-Tage-Schule?
   - Schüler
   - Schullehrer
   - Schulbeirat

2. Wer entscheidet über die 5- oder 6-Tage-Woche?
   - Schuldirektor
   - Schularzt
   - Schulbeirat

3. Was bietet die 6-Tage-Schule?
   - mehr Kultur- und Sportveranstaltungen
   - bessere Vorbereitung auf die Abschlussprüfungen
   - bessere Kontakte mit Schülerfamilien

20 Пословицы.

a. **Sprichwörter. Versuchen Sie, die Bedeutung folgender russischer Sprichwörter und Redensarten mit Hilfe des Wörterbuchs zu erschließen.**

1 Кто хочет много знать, тому надо мало спать.

3 Учи других – и сам поймёшь.

2 Век живи, век учись.

4 Одна книга тысячу людей учит.

b. **Wählen Sie aus den oben angeführten Sprichwörtern eine Entsprechung für die folgende deutsche Redensart.**

Man lernt nie aus.

6 В городе, в деревне, на почте

1 Впишите пропущенные буквы.
Tragen Sie die fehlenden Buchstaben ein.

тридцать копе__к	шесть старуш__к	двенадцать тарел__к
семь сосед__к	пять палат__к	семь закус__к
десять блуз__к	восемь матрёш__к	пять хозя__к
двадцать пес__н	пятнадцать девоч__к	шесть выстав__к

2 Напишите множественное число.
Geben Sie die Mehrzahl an.

1. церковь ____________________
2. паспорт ____________________
3. заказ ____________________
4. словарь ____________________
5. коллекция ____________________
6. берёза ____________________
7. гостиница ____________________
8. москвич ____________________
9. правило ____________________
10. дерево ____________________
11. бланк ____________________
12. произведение ____________________
13. ребёнок ____________________
14. новость ____________________
15. дело ____________________
16. открытка ____________________

3 Определите род существительных.
Ordnen Sie die Substantive dem Geschlecht nach ein.

новость | писатель | очередь | рубль | соль | царь | словарь | читатель | церковь | жизнь | посетитель | Кремль | местность | ноль | четверть | молодёжь

Maskulinum	Femininum

4 Назовите русские эквиваленты.

a. Übersetzen Sie. Schreiben Sie die Zahlen aus.

Beispiel:
1. Klasse → первый класс

1. 21. Jahrhundert ______
2. 7. Tag ______
3. 155. Ausstellung ______
4. 49. Nummer ______
5. 10. Klasse ______
6. 100. Briefmarke ______
7. 1. Neuigkeit ______
8. 3. Mal ______
9. 4. Kind ______
10. 5. Päckchen ______
11. 30. Land ______
12. 2. Sprache ______
13. 20. Roman ______
14. 68. Leser ______
15. 6. Woche ______
16. 8. Treffen ______
17. 12. Monat ______
18. 3. Platz ______
19. 15. Baum ______

b. Nennen Sie die russischen Entsprechungen.

1. Unterrichtsstunde *урок*
2. Straßenbahn ______
3. Fernseher ______
4. Fahrrad ______
5. Gastfreundschaft ______
6. Fremdenführer ______
7. Sehenswürdigkeit ______
8. Wechselstelle *обменный пункт*
9. Fremdsprache ______
10. Einschreibebrief ______
11. Briefmarke ______
12. Geburtsjahr ______
13. Arbeitsplatz ______
14. Bankkarte ______

5 **Прочитайте диалог. Заполните таблицу.**

a. Lesen Sie den Dialog. Finden Sie im Dialog Sätze, mit denen die Einladung höflich abgelehnt wird.

◗ Кто это?
◗ Это мои немецкие друзья. Они вчера приехали из Германии. Они первый раз в России.
◗ Тогда я приглашаю тебя и твоих немецких гостей ко мне на дачу в воскресенье. У нас в гостях сейчас наш знакомый из Вены. Будет интересно.
◗ Спасибо. Но уже завтра они уезжают в Петербург. Они хотят увидеть архитектуру этого города.
◗ Это их сумки?
◗ Да, это сумки моих дорогих гостей.

b. Füllen Sie die Lücken in der Tabelle aus.

Кто это? (Nominativ)	Чьи это сумки? (Genitiv)	Я приглашаю… (Akkusativ)
мои немецкие друзья	________ ________	________ ________
________ ________	моих дорогих гостей	________ ________
________ ________	________ ________	твоих немецких гостей
наш знакомый	________ ________	________ ________

6 **Ответьте на вопросы. Используйте словосочетания, данные в скобках.**
Beantworten Sie die Fragen. Verwenden Sie dabei die Wortverbindungen in Klammern.

1. Чей роман вы читаете? (русский писатель двадцатого века)
2. Чья выставка открылась вчера в Москве? (известная немецкая художница)
3. Чей это адрес? (наш университет)
4. Чей это номер телефона? (моя школьная подруга)
5. Чья это трёхкомнатная квартира? (моя дочь)
6. Чьи пироги вы сегодня попробовали? (наша бабушка)
7. От кого ты получила письмо? (московская коллега)
8. Кого ты видел вчера в музее? (мой сосед и мой друг)

7 Употребите слова в правильной форме.

Setzen Sie im Dialog die Wörter in Klammern im richtigen Kasus ein.

народные песни – Volkslieder
композиторы – Komponisten

- ◗ Я люблю слушать ______________________ (русский) народные песни. А ты?
- ◁ А я люблю слушать классическую музыку ______________________ (русский) композиторов.
- ◗ Чью, например?
- ◁ Ну, например, ______________________ (Глинка, Чайковский).
- ◗ Да, ______________________ (Глинка и Чайковский) я тоже люблю. А у тебя есть любимая народная песня?
- ◁ Есть.
- ◗ ______________________ (какой)?
- ◁ Вот эта: «Калинка, калинка, малинка моя, в саду ягода малинка, малинка моя…»

8 Заполните пропуски.

Füllen Sie die Lücken aus. Setzen Sie das Pronomen который in der richtigen Form ein.

1. Я впервые приехала в деревню, в ______________________ выросли мои родители.
2. Вы видите дом, ______________________ построил знаменитый итальянский архитектор.
3. На скамейке сидят старушки, ______________________ встречаются во дворе каждый день.
4. Екатерина Андреевна пришла из церкви, в ______________________ она ходит каждое воскресенье.
5. Я скоро поеду в город, из ______________________ приехал Виктор.
6. Знакомый, у ______________________ я сегодня был, приехал из Нижнего Новгорода.
7. Утром я был в квартире, ______________________ купили мои родители.
8. Это словари, без ______________________ я не могу обходиться.
9. Девушка, ______________________ сидит у окна, – моя сестра.
10. Я долго искал полку, на ______________________ стоит немецко-русский словарь.

9 Заполните пропуски.

Füllen Sie die Lücken aus. Setzen Sie das Pronomen каждый in der richtigen Form ein.

1. Мой друг очень любит музыку. ______________________ воскресенье он ходит в консерваторию слушать классическую музыку.
2. ______________________ вечер он смотрит телевизор.
3. Мой знакомый собирает почтовые марки. ______________________ год он ходит на выставку почтовых марок.
4. У меня много друзей. ______________________ неделю я получаю письма от друзей.
5. Я забыла дома часы (Uhr). И теперь я ______________________ час спрашиваю, сколько сейчас времени.
6. В деревне живёт наша бабушка. Поэтому мы ______________________ лето ездим в деревню.

10 Составьте словосочетания.

Bilden Sie Wortverbindungen.

до во время после	первая встреча второй экзамен работа обед каникулы служба Великий пост занятия отпуск лекция по литературе уроки перемена

11 Преобразуйте высказывания по образцу.

Verändern Sie die Aussagen wie im Beispiel.

Beispiel:
Роман «Анна Каренина» написал Лев Николаевич Толстой. → Мне нравится роман Льва Николаевича Толстого «Анна Каренина».

1. Картину «Не ждали» написал Илья Ефимович Репин.
2. Музыку к балету «Лебединое озеро» (Schwanensee) написал Пётр Ильич Чайковский.
3. Поэму «Двенадцать» написал Александр Блок.
4. Драму «Три сестры» написал Антон Павлович Чехов.

12 Употребите в диалогах глаголы движения.
Ergänzen Sie die Dialoge sinnvoll durch Verben der Bewegung.

1. ◗ Привет, девочки! Куда это вы ________________?
   ◗ В университет.
   ◗ А мы ________________ в кино.
   Хотите ________________ с нами?
   ◗ Спасибо. Нет времени. В другой раз.

2. ◗ Привет! Где ты была? Я уже третий раз звоню.
   ◗ Я только сейчас ________________ домой.
   ◗ Откуда ты ________________?
   ◗ Из библиотеки. Я там сидела весь день.
   Мне нужно было написать реферат.

3. ◗ Здравствуйте, дорогие гости! Давайте познакомимся!
   ◗ Здравствуйте. Меня зовут Светлана. Я из Суздаля.
   ◗ Очень приятно. Вы ________________ на поезде или на машине?
   ◗ На машине.
   ◗ А меня зовут Борис. Я живу в деревне Лыково. Это недалеко от вас.
   ◗ Вы тоже ________________ на машине?
   ◗ Нет, я ________________ пешком.

13 Найдите продолжение.
Formulieren Sie zu jedem Satzanfang die passende Fortsetzung. Verbinden Sie die Satzteile mit der Konjunktion чтобы. Setzen Sie wo nötig die passende Präposition ein.

1. После обеда я пойду на почту,..	поехать	море
2. Мы всегда берём отпуск летом,..	позвонить	Германия
3. Какой номер нужно набрать,..	купить	почтовые марки
4. Сначала они идут в банк,..	обменять	евро, рубли
5. Каждый год мы едем весной в деревню,..	увидеть	вся наша страна
6. Гости из Германии поехали с нами на поезде «Москва-Владивосток»,..	помочь	бабушка, огород
	заполнить	бланк
7. Я взял у подруги ручку,..		

14 Задайте уточняющие вопросы.

Fragen Sie genauer nach. Benutzen Sie das Fragewort сколько.

Beispiel:
Ты отослал открытки в Германию? → Сколько открыток ты отослал?

1. Ты обменял рубли на евро?
2. Вы летом ездили в деревню?
3. У вас большая квартира?
4. У вас есть девушки в группе?
5. У вас большая пенсия?
6. По телевизору часто показывают ваш город?
7. В вашем дворе растут берёзы?
8. Вы заполнили все формуляры?
9. У вас большая семья?

15 Преобразуйте будущее время в прошедшее.

Gebrauchen Sie statt des Futurs die Vergangenheitsform.

1. Я весь вечер буду рассказывать об экскурсии в Казанский кремль.
2. Во время экскурсии туристы осмотрят достопримечательности Берлина.
3. Мы будем повторять грамматику десятого урока.
4. Мои друзья приедут в Прагу и сразу пойдут на Карлов мост.
5. Сегодня по телевизору будут показывать деревню, в которой я вырос.
6. Семинары будут начинаться в половине девятого, и заканчиваться в два часа.
7. Мама, я приглашу друзей на дачу.
8. На какое время ты закажешь разговор с Мюнхеном?

Казанский кремль

16 Найдите соответствия.

Finden Sie das entsprechende deutsche Sprichwort beziehungsweise die entsprechende Redensart.

1 Один за всех и все за одного.

3 У семи нянек дитя без глазу.

b Viele Köche verderben den Brei.

2 Пятое колесо в телеге.

a Das fünfte Rad am Wagen.

c Einer für alle, alle für einen.

17 Преобразуйте прошедшее время в будущее.
Verwenden Sie statt der Vergangenheitsform das Futur.

1. Я послал маме две бандероли.

____

2. Мы посмотрели новый фильм «Война и мир».

____

3. Я встретился с другом на выставке почтовых марок.

____

4. Курт пошёл прямо, а потом повернул налево.

____

5. У них была двухкомнатная квартира. И вода была, и телефон.

____

6. Наши соседи сидели на скамейке и обсуждали все новости.

____

7. Молодые уехали, а я с внучкой осталась.

____

8. Я знакомился с городом, и каждый день ходил в театр.

____

9. На второй день я осмотрел Кремль и московское метро.

____

10. Андрей взял формуляр и заполнил его.

____

18 Попросите…
Bitten Sie Ihren Freund / Ihre Freundin, er / sie soll …

1. Ihnen eine Postkarte aus Sankt Petersburg schicken.
2. nicht jedes Wort wiederholen.
3. Ihnen dringend ein Paket zuschicken.
4. die Telefonnummer der Schule wählen.
5. sich Ihre Adresse notieren.
6. im Sommer zu Ihnen aufs Land kommen.
7. dieses Buch nicht mit dem Sohn und der Tochter besprechen.
8. Ihre Pirogge mit Kohl kosten.
9. Ihnen über das Leben in der Stadt erzählen.
10. für Sie zwei Karten für die Ausstellung bestellen.

19 Как это сказать по-русски?
Wie sagen Sie auf Russisch, dass …

1. Sie noch Ihrem Bruder zum Geburtstag gratulieren müssen.

   ____

2. Tatjana morgen die Bücher in der Bibliothek zurückgeben muss.

   ____

3. Sie um 12 Uhr unbedingt in der Vorlesung sein müssen.

   ____

4. Sie um 14 Uhr kommen werden, da Sie noch das Mittagessen für Ihren Sohn zubereiten müssen.

   ____

5. Sie Ihrer Mutter helfen müssen, weil sie eine kleine Rente bekommt.

   ____

6. Sie noch eine Geldwechselstelle finden müssen, um Euro gegen Rubel zu tauschen.

   ____

7. Sie Ansichtskarten kaufen und sie nach Deutschland schicken müssen.

   ____

8. Sie nicht so lange in der Schlange stehen können, weil Sie um halb zwei zu Hause sein müssen.

   ____

9. Sie sich unbedingt erinnern müssen, wo sie gestern Abend um 19:30 Uhr waren.

   ____

10. Sie noch Milch und Brot kaufen müssen.

    ____

20 Загадка.
Lösen Sie das Rätsel.

В 12 часов ночи идёт дождь (es regnet).
Как вы думаете, через 72 часа может быть солнечная (sonnig) погода?

☐ да
☐ нет

21 **Прочитайте заголовки.**

a. Lesen Sie die folgenden Schlagzeilen aus russischen Zeitungen.

1 Сегодня в Германии начинается кинофестиваль «Берлинале»

2 Первые золотые медали на зимней Олимпиаде

3 Америку ждёт вторая волна кризиса

4 Фестиваль «Французское кино сегодня»

5 Новые слова и значения в русском языке

6 Анализ финансовых и экономических кризисов за 200 лет

7  Российский и канадский хоккей

8 Чемпионы мира по шахматам

9 Говорите правильно. И не только по форме

10 IX Чеховский театральный фестиваль в Москве

11 Главные слова 2009 года

12 Новости экономики на сегодня

b. Welche Zielgruppen sprechen die angeführten Schlagzeilen an? Tragen Sie die jeweiligen Nummern ein.

Sportbegeisterte: ____________________

Kulturinteressierte: ____________________

Wirtschaftsstudenten: ____________________

Sprachinteressierte: ____________________

22 Прочитайте стихотворение. Ответьте на вопросы.

a. Lesen Sie den Auszug aus einem scherzhaften Gedicht über eine Krakenfamilie. Beantworten Sie die Fragen dazu.

Жил осьминог
Со своей осьминожкой[1],
И было у них осьминожков немножко[2].

Все они были
Разного цвета:
Первый – зелёный,
Второй – фиолетовый,
Третий – как зебра,
Весь полосатый[3],
Чёрные оба –
Четвёртый и пятый,
Шестой – тёмно-синий
От носа до ножек,
Жёлтый-прежёлтый –
Седьмой осьминожек,
Восьмой –
Словно спелая ягода,
Красный…
Словом, не дети,
А тюбики с краской.

Была у детишек
Плохая черта[4]:
Они, как хотели,
Меняли[5] цвета.
Синий в минуту
Мог стать золотистым[6],
Жёлтый – коричневым
Или пятнистым.
Ну, а двойняшки[7],
Четвёртый и пятый,
Всё норовили
Стать полосатыми.
Быть моряками
Мечтали двойняшки –
А кто же видал моряка[8]
Без тельняшки[9]?

Вымоет[10] мама
Зелёного сына,
Смотрит –
А он не зелёный, а синий.
Синего мама
Ещё не купала.
И начинается
Дело сначала…

1 scherzhafte Wortbildung „Frau des Kraken"
2 scherzhafte Wortbildung „Kinder der Kraken"
3 gestreift; mit Streifen
4 Eigenschaft
5 wechselten
6 golden
7 Zwillinge
8 Matrose
9 gestreiftes Matrosenhemd
10 hat gewaschen

b. Beantworten Sie die folgenden Fragen zum Gedicht.

1. Wie viele Kinder hatte die Krakenfamilie?
2. Welche Farben hatten verschiedene Krakenkinder?

первый – зелёный, ____________________

____

3. Welche schlechte Eigenschaft hatten die Krakenkinder?
4. Wie konnten die Krakenkinder die Farbe verändern?

синий → золотистый, ____________________

____

23 На чём экономим в связи с кризисом?

Sehen Sie sich die Umfrageergebnisse zum Sparverhalten der Russen an. Beantworten Sie die Fragen.

1. Woran sparen die Russen am meisten? ____________________
2. Woran sparen sie am wenigsten? ____________________

21 %

На развлечениях[1]

13 %

На одежде

12 %

Я не экономлю

11 %

На отдыхе

11 %

На продуктах питания

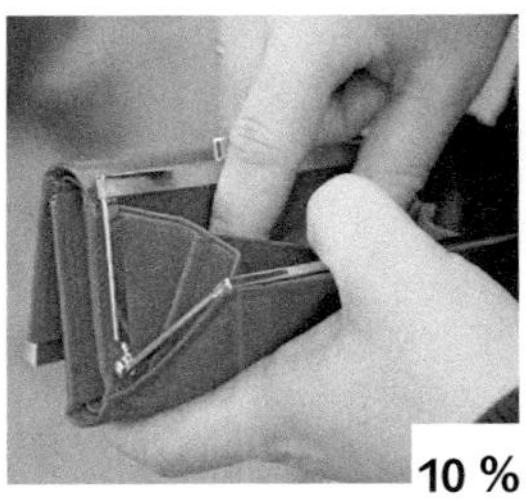

10 %

На всём

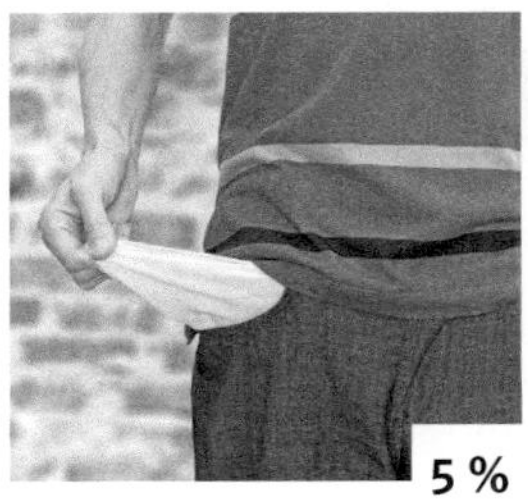

5 %

Уже не на чем экономить

5 %

На алкоголе, сигаретах

1 развлечения - Unterhaltung; Freizeitgestaltung

Einheit 1

1

1. репортёр, коллега, Москва, пожалуйста, доска, рисовать, юмор, госпожа, директор, самовар, роман, конфликт, карьера, смотреть, говорить, Владивосток
2. извините, инженер, фабрика, секретарь, письмо, с удовольствием, хирург, университет, телевизор, немец, сестра, господин
3. любить, журнал, люди, с удовольствием, ручка, университет, Любовь, тюльпан, юбилей, Шура, меню, пожалуйста, Санкт-Петербург, Гамбург, стюардесса, дедушка

2

a. семья, чьё, познакомьтесь, дочь, письмо, день, спальня, секретарь
b. грамматика, мама; телевизор, алло; ванная, жена, страна; рисовать, стюардесса, русские, университет

3

он: журнал, карандаш, стол, стул, урок, телевизор, университет, банк, компьютер, салат, парк, коридор
она: ваза, газета, доска, книга, роза, страна, семья, фабрика, фамилия
оно: письмо, море, небо, фото, имя, отчество

4

1. …стол, стул, розу, море, небо, телевизор.
2. …небо, университет, парк, салат, книгу, страну, семью, фабрику.
3. …письмо, фамилию, имя, отчество.
4. …телевизор, газету, книгу, фото.

5

männlich: отец, папа, сын, брат, дедушка, внук, дядя, муж
weiblich: мать, мама, дочь, сестра, бабушка, внучка, тётя, жена

6

1. я пишу, они пишут
2. я люблю, они любят
3. ты читаешь, они читают
4. мы делаем, они делают
5. она смотрит, они смотрят
6. ты отдыхаешь, они отдыхают
7. я рисую, они рисуют
8. ты говоришь, они говорят

7

я диктую, фотографирую, организую
ты диктуешь, фотографируешь, организуешь
он/она диктует, фотографирует, организует
мы диктуем, фотографируем, организуем
вы диктуете, фотографируете, организуете
они диктуют, фотографируют, организуют

8

1. Мать и дочь смотрят телевизор.
2. Дедушка рисует.
3. Брат и сестра отдыхают.
4. Бабушка и внук пишут письма.

9

1. Папа отдыхает.
2. Брат и сестра рисуют.
3. Отец смотрит телевизор.
4. Мама пишет письмо.

10

1. Санкт-Петербург, Амстердам
2. Эльба, Волга, Дунай
3. инженер, журналист
4. Саша, Катя
5. дядя, внучка
6. украинец, русский
7. Германия, Франция

11

1. спортсмен
2. режиссёр
3. дирижёр
4. врач
5. архитектор
6. музыкант
7. фотограф
8. физик
9. почтальон
10. писатель
11. пилот
12. космонавт

12

1. Александр Сергеевич Пушкин «Капитанская дочка»
2. Антон Павлович Чехов «Дядя Ваня»
3. Фёдор Михайлович Достоевский «Братья Карамазовы»

13

1.d. | 2.c. | 3.b. | 4.a.

14

1. кто
2. что
3. что
4. где
5. как; как

16

b. an der Tür

17

1. брат
2. газету
3. письмо
4. рисуют
5. русский
6. журналист
7. Давайте
8. говорят
9. зовут
10. немцы
11. курица

Lösungswort: русский язык

Einheit 2

1

a. ждёшь, хóчешь, готóвишь, пьёшь, относишь, разговáриваешь, живёшь, ешь, идёшь, знáешь, спешúшь
b. обéдают, спешáт, живýт, готóвят, ждут, рисýют, читáют, лю́бят, едя́т, покупáют, рабóтают, гуля́ют, знáют, зáвтракают, хотя́т, лежáт, сидя́т, смóтрят, пьют, отнóся́т

c. напи́тки, сёстры, тёти, бока́лы, кни́ги, ку́хни, студе́нтки, карандаши́, лю́ди, о́вощи, сосе́ди, столы́, го́сти, вну́ки, спа́льни, жёны, музыка́нты, па́пы, по́лки, альбо́мы, блины́, ножи́, прибо́ры, роди́тели

d.
1. обе́даете
2. печи́; мечи́
3. спеши́те
4. сего́дня еди́м блины́
5. Пи́во; лимона́д; холоди́льнике
6. хорошо́; рису́ешь
7. Роди́тели; телеви́зор
8. соба́ка
9. коридо́ре
10. спеши́шь

2

т → ч (хотеть): хочу, хочешь, хотят
с → ш (писать): пишу, пишешь, пишут
д → ж (сидеть): сижу, сидишь, сидят
б → бл (любить): люблю, любишь, любят
в → вл (готовить): готовлю, готовишь, готовят

3

1. сестра, работа, так, кресло
2. роза, завтрак, кого, говорить
3. вечером, молоко, когда, давайте
4. тоже, его, один, нож, жить

4

a.
1. Spalte: f; ~~секретарь~~
2. Spalte: n; ~~обед~~
3. Spalte: m; ~~яйцо~~

b.
f: ручка, собака
n: пиво, здание
m: номер, лимонад

5

1. …парк, коридор, квартира, буфет, библиотека, кафе, кухня, спальня, море
2. (из)…парка, спальни
3. (В) … парк, коридор, квартиру, буфет, библиотеку, кафе, спальню; (На) кухню, море
4. (в) … парке, коридоре, квартире, буфете, библиотеке, кафе, спальне; (на) кухне, море

6

Maskulinum: Петербург, Саратов, Мюнхен, Суздаль
Femininum: Германия, Тула, Вена, Прага, Варшава, Тверь

7

1. Я из Берлина. А вы? – А я из Петербурга.
2. Я из Мюнхена. А вы? – А я из Саратова.
3. Я из Германии. А вы? – А я из России.
4. Я из Вены. А вы? – А я из Суздаля.
5. Я из Праги. А вы? – А я из Тулы.
6. Я из Варшавы. А вы? – А я из Твери.

8

1. Журналист работает в газете.
2. Преподаватель работает в университете.
3. Студент работает в библиотеке.

9

Genitiv
Maskulinum: парка, Берлина, Суздаля, кофе, чая
Femininum: комнаты, кухни, Твери, Москвы, Германии
Neutrum: моря, письма

Akkusativ
Maskulinum: парк, Берлин, Суздаль, кофе, чай
Femininum: комнату, кухню, Тверь, Москву, Германию
Neutrum: море, письмо

Präpositiv
Maskulinum: парке, Берлине, Суздале, кофе, чае
Femininum: комнате, кухне, Твери, Москве, Германии
Neutrum: море, письме

10

1. ...(после) еды, завтрака, обеда, ужина, чая, кофе
2. ...(до) работы, урока, ужина

11

1. Чей; Это его чай.
2. Чей; Это её журнал.
3. Чья; Это ваша ложка.
4. Чьё; Это её молоко.
5. Чьи; Это ваши блины.
6. Чья; Это её собака.
7. Чьё; Это наше кафе.

12

1. дома́, сыновья́, до́чери, вну́ки, ви́на, номера́
2. го́сти, сосе́ди, сёстры, мужья́, альбо́мы, се́мьи

13

1. Ты хочешь есть? / Вы хотите есть?
2. Ты хочешь ужинать?
3. Вы хотите пить?
4. Хочешь пиво? / Хотите пиво?

14

Я жду...
1. бабушку
2. отца / папу
3. брата
4. преподавателя
5. сына
6. дочь
7. господина Вернера

15

1. Что вам угодно?
2. Вот где собака зарыта.
3. Что есть в печи, всё на стол мечи.
4. Пишет как курица лапой.

16

1. едят; пьют; пьёт
2. спешишь; гуляют; идут; готовит

17

1.a. | 2.d. | 3.b. | 4.c.

18

b.
1. утром | **2.** днём | **3.** днём

19

(Я) жду брата.
Когда экскурсия в Кремль?

Einheit 3

1

a.
я беру, зову, пою, пью
ты берёшь, зовёшь, поёшь, пьёшь
он / она берёт, зовёт, поёт, пьёт
мы берём, зовём, поём, пьём
вы берёте, зовёте, поёте, пьёте
они берут, зовут, поют, пьют

b.
я иду́, хожу́, е́ду, е́зжу
ты идёшь, хо́дишь, е́дешь, е́здишь
он / она идёт, хо́дит, е́дет, е́здит
мы идём, хо́дим, е́дем, е́здим
вы идёте, хо́дите, е́дете, е́здите
они иду́т, хо́дят, е́дут, е́здят

2

1. начинаются
2. купаться
3. купаетесь
4. обходимся
5. радуешься
6. начинается
7. обхожусь
8. проводишь
9. купается
10. фотографироваться
11. ездишь
12. хочешь; есть

3

1.
◗ У вас есть брат?
D Да, у меня есть брат.
◗ А как его зовут?
D Его зовут Саша.

2.
◗ У вас есть жена?
D Да, у меня есть жена.
◗ А как её зовут?
D Её зовут Лена.

3.
◗ У вас есть дети?
D Да, у меня есть дети.
◗ А как их зовут?
D Их зовут Андрей и Наташа.

4.
◗ У вас есть бабушка?
D Да, у меня есть бабушка.
◗ А как её зовут?
D Её зовут Мария Петровна.

4

1. свободная
2. синий
3. прекрасная
4. чёрная
5. густой
6. маленький
7. хорошее
8. белый
9. радостные
10. свободное
11. русские
12. вкусный
13. синее
14. приятная
15. красные
16. красивая
17. серый
18. добрый
19. интересное
20. хороший

5

1.
◗ У тебя есть машина?
D Да, есть.
◗ Какая у тебя машина?
D У меня большая машина.

2.
◗ У тебя есть гараж?
D Да, есть.
◗ Какой у тебя гараж?
D У меня маленький гараж.

3.
◗ У тебя есть дом в деревне?
D Да, есть.
◗ Какой у тебя дом?
D У меня старый дом.

4.
◗ У тебя есть краски?
D Да, есть.
◗ Какие у тебя краски?
D У меня акварельные краски.

5.
◗ У тебя есть салфетки?
D Да, есть.
◗ Какие у тебя салфетки?
D У меня синие салфетки.

6.
◗ У тебя есть кофе?
D Да, есть.
◗ Какой у тебя кофе?
D У меня чёрный кофе.

7.
◗ У тебя есть чай?
D Да, есть.
◗ Какой у тебя чай?
D У меня зелёный чай.

8.
◗ У тебя есть работа?
D Да, есть.
◗ Какая у тебя работа?
D У меня интересная работа.

6

1. чёрный; зелёный
2. свободное
3. вкусный
4. акварельные
5. красный
6. хороший
7. русские
8. доброе

7

1. быстрые реки
2. синие палатки
3. белые ночи
4. жёлтые цветы
5. серые птицы
6. маленькие чашки
7. вкусные сыры
8. приятные слова
9. прекрасные места
10. хорошие хозяева
11. русские семьи
12. красивые цвета

8

кафе, еда, метро, пиво, сахар, интервью, радио, соль

9

Maskulinum
-ы: вокза́лы, велосипе́ды, обе́ды, мосты́, го́ды, кла́ссы, прибо́ры, авто́бусы
-и: автомоби́ли, трамва́и, вто́рники
-а: поезда, леса

Femininum
-ы: анке́ты, го́ры, сре́ды, шко́лы
-и: заку́ски, хозя́йки, дере́вни, неде́ли, се́мьи

Neutrum
-а, -я: я́йца, воскресе́нья, ви́на, со́лнца

10

a.
понедельник, вторник, пятница

b.
1. понедельник
2. вторник
3. среда
4. четверг
5. пятница
6. суббота
7. воскресенье

11

Genitiv
Maskulinum: Андрея, Чехова, студента, гостя, отца, дедушки
Femininum: Анны Карениной, жены, сестры, мамы, матери, дочери

Dativ
Maskulinum: Андрею, Чехову, студенту, гостю, отцу, дедушке
Femininum: Анне Карениной, жене, сестре, маме, матери, дочери

Akkusativ
Maskulinum: Андрея, Чехова, студента, гостя, отца, дедушку
Femininum: Анну Каренину, жену, сестру, маму, мать, дочь

12

1.
◗ Чья это машина?
D Это машина Бориса.
◗ Ты это точно знаешь?
D Да, это его машина.

2.
◗ Чьи это книги?
D Это книги гостя.
◗ Ты это точно знаешь?
D Да, это его книги.

3.
◗ Чья это чашка?
D Это чашка мамы.
◗ Ты это точно знаешь?
D Да, это её чашка.

4.
◗ Чей это велосипед?
D Это велосипед студента.
◗ Ты это точно знаешь?
D Да, это его велосипед.

5.
◗ Чей это самовар?
D Это самовар бабушки и дедушки.
◗ Ты это точно знаешь?
D Да, это их самовар.

6.
◗ Чья это газета?
D Это газета Андрея.
◗ Ты это точно знаешь?
D Да, это его газета.

13

1. (к) морю, реке
2. (в) деревне, центре города, Москве, Лондоне
3. (недалеко от) вокзала, моста через реку, кафе, школы, метро, библиотеки, улицы Пушкина, Мюнхена
4. (без) машины, велосипеда, такси, гаража
5. (на) автобусе, велосипеде, трамвае
6. (к) дочери, сыну, маме, тёте, внуку, внучке
7. гостя, соседа, брата, сестру, дочь, преподавателя, коллегу, хозяина, хозяйку
8. (через) день, неделю, месяц, год

14

1. На чём Саша едет в школу?
2. Кого приветствуют хозяева?
3. Когда твои/ ваши дети едут е в школу?
4. Какая лампа стоит на столе?
5. Куда едет Катя?
6. Чему Ваня радуется?
7. Почему дети ходят в школу пешком?
8. Какой сегодня день?
9. Что знает Андрей?
10. Куда господин Вернер идёт сегодня?
11. Чья книга лежит на полке?
12. Откуда ваш гость?
13. Куда мы едем в воскресенье?
14. У кого через неделю начинаются каникулы?
15. Что любят делать дети Ирины Николаевны?
16. Где стоит его машина?
17. К кому мы едем в воскресенье?

15

(к) Андрею Попову; (на) улице Чехова; красивый синий; маленькое; хороший; маленький; красивый

16

Отпуск в столице: 1, 3
Чёрное море ждёт: 4, 2

17

1. На чём вы едете / ездите на работу?
2. Вы часто ходите на рынок?
3. Куда ваш сын ходит утром?
4. Вы сейчас идёте в библиотеку?
5. Через месяц мы едем на море.
6. В школу я хожу пешком.
7. Мой муж ездит на работу всегда на поезде.
8. Куда вы едете в субботу?

18

«Суздаль»: 1, 3, 4, 5, 6
«Русский дом»: 2, 5, 6, 7, 8

Einheit 4

1

пятьдесят; восемьсот; семьдесят; восемьдесят; шестьдесят; семьсот

2

взять, самовар, обязательно, рисунок, магазин, вырасти, сказать, вишнёвый сад, касса, беседовать, песня, музыка, телевизор, написать, ваза, экскурсия, пригласить, друзья, поезд, вокзал

3

1. четыре
2. семь
3. тринадцать
4. четырнадцать
5. двадцать два
6. тридцать четыре
7. сорок восемь
8. пятьдесят девять
9. шестьдесят семь
10. девяносто три
11. сто пять
12. сто тридцать восемь
13. триста
14. четыреста один

4

велосипед, диван, нож, журнал, лампа, альбом, мясо, обед, дом, машина

5

1. велосипед
2. диван
3. ножа
4. Журнал
5. лампа
6. альбома
7. мясо
8. обед
9. дом
10. машина

6

2. девятьсот девяносто
3. восемьдесят рублей
4. восемнадцать рублей
5. двадцать девять рублей
6. двенадцать рублей
7. триста пятьдесят рублей
8. пятьсот двадцать два рубля
9. миллион рублей
10. двадцать тысяч евро

7

b.

1. пятьдесят четыре рубля девяносто пять копеек; двадцать семь рублей сорок пять копеек
2. сто десять рублей; двадцать рублей
3. двести восемнадцать рублей; сто двадцать рублей
4. двадцать три рубля девяносто копеек; семь рублей

c.

четыреста шесть рублей восемьдесят пять копеек

8

я праздную, сплю, помогу, встану
ты празднуешь, спишь, поможешь, встанешь
он / она празднует, спит, поможет, встанет
мы празднуем, спим, поможем, встанем
вы празднуете, спите, поможете, встанете
они празднуют, спят, помогут, встанут

9

1. выросли
2. шёл
3. купались
4. взял
5. заработал
6. поняли; сказал
7. ела; пила

10

2. ручная работа
3. вишнёвый сад
4. акварельная краска
5. свободное время
6. любимая песня
8. день рождения
9. номер дома
10. окно школы
11. архитектура города
12. место встречи

11

ты: У тебя есть брат.
он: У него есть брат.
она: У неё есть брат.
мы: У нас есть брат.
вы: У вас есть брат.
они: У них есть брат.

12

1. У него есть ручка?
2. У них есть телевизор?
3. У него есть самовар?
4. У неё есть машина?
5. У нас есть хлеб?
6. У него есть собака?

13

1. Утром мы были в школе. Потом мы были в кафе. Вечером мы были в парке.
2. Утром они были в магазине. Потом они были на экскурсии. Вечером они были в ресторане.
3. Утром вы были на работе. Потом вы были на рынке. Вечером вы были в гараже.
4. Утром он был в библиотеке. Потом он был на даче. Вечером он был у друзей.

14

1. построили; построим / будем строить
2. купил / купила; покупать
3. подарил / подарила; дарить
4. посоветовал; советую

15

1.
◗ Где ты живёшь?
◗ Сейчас я живу в городе.
◗ А где ты жил год назад?
◗ В деревне.

2.
◗ Где ты работаешь?
◗ Сейчас я работаю в школе.
◗ А где ты работал год назад?
◗ В библиотеке.

3.
◗ Куда ты ходишь после уроков?
◗ Обычно после уроков я хожу в интернет-кафе.
◗ А куда ты ходил обычно после уроков год назад?
◗ В библиотеку.

4.
◗ Как ты читаешь по-немецки?
◗ Сейчас я читаю по-немецки хорошо.
◗ А как ты читал по-немецки год назад?
◗ Плохо.

16

„Drei Musketiere", „Zwei Kapitäne", „1001 Nacht"

17

1. приготовила / приготовит
2. пригласил
3. прочитал / прочитала; взял /взяла
4. получил / получила; написал / написала
5. построил
6. нарисовал

18

вчера, сегодня, завтра

19

праздновали; твой; нарисовала; подарили; пили; пели; С днём

20

Привет, Катя!
Как твои дела? Я еду в субботу в Москву. Меня пригласили Оля и Виктор. У Оли в воскресенье день рождения. Я не знаю, что ей подарить. Ты ведь хорошо её знаешь. Посоветуй мне, пожалуйста, что-нибудь.

Пока
Курт

21

Geburtstag: 3, 4
Einstieg ins Berufsleben: 5
Urlaubsreise: 2, 6
Neujahr: 1

22

1. две собаки
2. пять птиц
3. восемнадцать лап

23

1. 4 этаж
2. 2 этаж
3. 3 этаж
4. 4 этаж

Einheit 5

1

1. маль**ч**ик, худо**ж**ник, моро**ж**еное, ме**ш**ать, настоя**щ**ий, москви**ч**и, буду**щ**ий, матрё**ш**ка, зна**ч**ить, у**ч**итель, ле**ж**ать, ло**ж**ка, кори**ч**невый, обе**щ**ать, нару**ш**ать, пе**ш**ком, поло**ж**ить, боль**ш**ой, су**щ**ествовать, пиро**ж**ок
2. маш**и**на, гараж**и**, ч**и**тать, немц**ы**, нач**и**наться, лекц**и**я, хорош**и**й, коллекц**и**я, овощ**и**, дач**и**, спеш**и**ть, улиц**ы**, уж**и**нать, получ**и**ть, нож**и**, Франц**и**я, месяц**ы**, соц**и**ализм, предпоч**и**тать, ноч**и**
3. ч**а**шка, обещ**а**ть, п**я**тница, изуч**а**ть, биологи**я**, зан**я**тие, оформл**я**ть, впеч**а**тление, ц**а**рь, при**я**тно, меш**а**ть, оформл**я**ть

2

a.
сдавать, брать, есть, сказать, покупать, сдать, съесть, взять, говорить, купить

b.
сдавать – сдать; брать – взять; есть – съесть; говорить – сказать; покупать – купить

3

1. Оле
2. на работу
3. Колю с Катей
4. с соседом
5. Чему
6. вас
7. за сестрой
8. иностранные студенты
9. мне
10. с днём рождения
11. (из) Германии

4

1. so
2. warum?
3. dort
4. wohin?
5. hier, da
6. warum?
7. wo?
8. woher?
9. wann?
10. wen?
11. auch
12. wie?
13. dann
14. nach

5

1. о Москве и москвичах
2. о музеях
3. о письме
4. о занятиях
5. о школе и об учителях
6. о матери и дочери
7. о морях и реках России

6

1. любят; пивом
2. любят; водой
3. любят; вином
4. любит; лимоном
5. любят; лимонадом

7

1. Я хочу / хотел стать музыкантом.
2. У Кати сегодня три лекции и два семинара.
3. Володе сейчас 20 лет и он уже учится в ниверситете.
4. В какой день недели у вас лекция по литературе?
5. Я стану экскурсоводом и буду знакомить туристов с Москвой.
6. Отец с дочерью после завтрака пойдут в школу.
7. Дети обычно любят пирожки с капустой и чай с сахаром.
8. Мы ищем книги о Париже и Праге.
9. Вы можете определить, когда в Москве была выставка «Пушкин и Гёте»?
10. Когда тебе исполнится / исполнилось 25 лет?
11. Петя пошёл/пойдёт гулять с собакой.
12. Костя не забыл купить для Ани цветы.

8

1. в шкаф
2. для них
3. художниках и музеях
4. шкафу
5. на полке
6. под журналами
7. на место

9

пойдёшь / идёшь; пойти; пойду; идёшь; хожу; пойду

10

1. дашь; дам; даст
2. следишь; слежу; следи
3. можешь; могу; могут
4. ищете; ищу; ищите
5. ездите; езжу; ездят; ездят
6. a. придите; придёт
   b. придёшь; приду
7. a. пойти; пойду
   b. пойдёшь
8. a. познакомлю; познакомь
   b. познакомил

11

1. в
2. в
3. на
4. в
5. в
6. на
7. с
8. с
9. в
10. к
11. с
12. на
13. из
14. у
15. после
16. в
17. о
18. о
19. от
20. у

12

1. Катя, ты работаешь в кафе уже две недели. Сколько же ты заработала?
2. Ольга, какие брюки ты мне советуешь купить?
3. Можно я возьму газету?
4. Виктор, где ты пропадал весь день?
5. Вы знаете, когда построили этот дом?

13

1.e. | 2.g. | 3.c. | 4.b. | 5.a. | 6.h. | 7.d. | 8.f.

14

1. врачом
2. геологом
3. шофёром
4. учительницей
5. футболистом
6. стюардессой
7. программистом
8. банкиром

Lösungswort: профессии

15

1. вспомнил
2. вечером
3. отдыхаю
4. поздно
5. деревне
6. возьмите
7. редко
8. чёрное
9. покупаете
10. маленький
11. хороший

16

1.
◗ Анна Михайловна, у вас две дочери или два сына?
D У меня два сына.
◗ А как их зовут?
D Петя и Ваня.
◗ Сколько им лет?
D Пете двенадцать, а Ване пять.
◗ Значит, Ваня ещё год будет ходить в детский сад?
D Да, но мы уже сейчас ищем для него школу.
◗ А что Петя рассказывает о школе?
D Там строгая учительница математики.

2.
◗ Мой сын очень плохо ест. Вчера он взял в школу только яблоко и его не съел.
D А Алёша всегда ходит в школьный буфет. Там же есть вкусные пирожки.
◗ С повидлом?
D Не только с повидлом. Есть также пирожки с мясом и с капустой.
◗ Вы знаете, сколько стоят пирожки?
D С капустой – четыре рубля, с мясом – десять рублей.

3.
◗ Галя, что ты будешь пить? Чай или кофе?
D Кофе.
◗ С молоком?
D Без молока, но с сахаром.

17

1. язык; студент; турист
2. музей; университет; (государственная) библиотека
3. год; (юбилейная) выставка; вечер
4. автор; (будущая) мать; (будущее) место работы
5. язык; словарь; чай
6. отец; преподаватель; (строгие) правила

18

1. Какие учителя в школе?
2. Кто следит за детьми во время перемены?
3. Дети находятся в школе весь день?
4. Сколько дней в неделю дети учатся?

19

b.
1. Schüler
2. Schulbeirat
3. bessere Vorbereitung auf die Abschlussprüfungen

20

b. „Man lernt nie aus" – Век живи, век учись.

Einheit 6

1

тридцать копеек, семь соседок, десять блузок, двадцать песен, шесть старушек, пять палаток, восемь матрёшек, пятнадцать девочек, двенадцать тарелок, семь закусок, пять хозяек, шесть выставок

2

1. церкви
2. паспорта
3. заказы
4. словари
5. коллекции
6. берёзы
7. гостиницы
8. москвичи
9. правила
10. деревья
11. бланки
12. произведения
13. дети
14. новости
15. дела
16. открытки

3

Maskulinum: писатель, рубль, царь, словарь, читатель, посетитель, Кремль, ноль
Femininum: новость, очередь, соль, церковь, жизнь, местность, четверть, молодёжь

4

a.
1. двадцать первый век
2. седьмой день
3. сто пятьдесят пятая выставка
4. сорок девятый номер
5. десятый класс
6. сотая почтовая марка
7. первая новость
8. третий раз
9. четвёртый ребёнок
10. пятая бандероль
11. тридцатая страна
12. второй язык
13. двадцатый роман
14. шестьдесят восьмой читатель
15. шестая неделя
16. восьмая встреча
17. двенадцатый месяц
18. третье место
19. пятнадцатое дерево

b.
2. трамвай
3. телевизор
4. велосипед
5. гостеприимство
6. экскурсовод
7. достопримечательность
9. иностранный язык
10. заказное письмо
11. почтовая марка
12. год рождения
13. рабочее место
14. банковская карточка

5

a.
Спасибо. Но уже завтра они уезжают в Петербург.

b.
Кто это? мои дорогие гости; твои немецкие гости
Чьи это сумки? моих немецких друзей; твоих немецких гостей; нашего знакомого
Я приглашаю… моих немецких друзей; моих дорогих гостей; нашего знакомого

6

1. Я читаю романы русских писателей двадцатого века.
2. Вчера открылась выставка известной немецкой художницы.
3. Это адрес нашего университета.
4. Это номер телефона моей школьной подруги.
5. Это трёхкомнатная квартира моей дочери.
6. Сегодня мы попробовали пироги нашей бабушки.
7. Я получила письмо от московской коллеги.
8. Я видел моего соседа и моего друга.

7

русские; русских; Глинки, Чайковского; Глинку и Чайковского; Какая

8

1. которой
2. который
3. которые
4. которую
5. которого
6. которого
7. которую
8. которого
9. которая
10. которой

9

1. Каждое
2. Каждый
3. Каждый
4. Каждую
5. каждый
6. каждое

10

(до / во время / после) первой встречи; второго экзамена; работы; обеда; каникул; службы; Великого поста; занятий; отпуска; лекции по литературе; уроков; перемены

11

1. Мне нравится картина Ильи Ефимовича Репина «Не ждали».
2. Мне нравится музыка Петра Ильича Чайковского к балету «Лебединое озеро».
3. Мне нравится поэма Александра Блока «Двенадцать».
4. Мне нравится драма Анотна Павловича Чехова «Три сестры».

12

1. идёте; идём; пойти
2. пришла; пришла
3. приехали; приехали; пришёл

13

1. После обеда я пойду на почту, чтобы купить почтовые марки.
2. Мы всегда берём отпуск летом, чтобы поехать на море.

3. Какой номер нужно набрать, чтобы позвонить в Германию?
4. Сначала они идут в банк, чтобы обменять евро на рубли.
5. Каждый год мы едем весной в деревню, чтобы помочь бабушке в огороде.
6. Гости из Германии поехали с нами на поезде «Москва-Владивосток», чтобы увидеть всю нашу страну.
7. Я взял у подруги ручку, чтобы заполнить бланк.

14

1. Сколько рублей ты обменял?
2. Сколько времени вы были в деревне?
3. Сколько у вас комнат?
4. Сколько у вас девушек в группе?
5. Сколько рублей вы получаете? / Какая у вас пенсия?
6. Сколько раз ваш город показывали по телевизору?
7. Сколько берёз растёт в вашем дворе?
8. Сколько формуляров вы заполнили?
9. Сколько человек в вашей семье?

15

1. Я весь вечер рассказывал об экскурсии в Казанский кремль.
2. Во время экскурсии туристы осмотрели достопримечательности Берлина.
3. Мы повторяли грамматику десятого урока.
4. Мои друзья приехали в Прагу и сразу пошли на Карлов мост.
5. Сегодня по телевизору показывали деревню, в которой я вырос.
6. Семинары начинались в половине девятого, и заканчивались в два часа.
7. Мама, я пригласил друзей на дачу.
8. На какое время ты заказал разговор с Мюнхеном?

16

1.c. | 2.a. | 3.b.

17

1. Я пошлю маме две бандероли.
2. Мы посмотрим новый фильм «Война и мир».
3. Я встречусь с другом на выставке почтовых марок.
4. Курт пойдёт прямо, а потом повернёт налево.
5. У них будет двухкомнатная квартира. И вода будет, и телефон.
6. Наши соседи будут сидеть на скамейке и обсуждать все новости.
7. Молодые уедут, а я с внучкой останусь.
8. Я буду знакомиться с городом, и каждый день ходить в театр.
9. На второй день я осмотрю Кремль и московское метро.
10. Андрей возьмёт формуляр и заполнит его.

18

1. Пошли мне открытку из Санкт-Петербурга.
2. Не повторяй каждое слово.
3. Пришли мне срочно посылку.
4. Набери, пожалуйста, номер школы.
5. Запиши, пожалуйста, мой адрес.
6. Приезжай летом ко мне в деревню.
7. Не обсуждай, пожалуйста, эту книгу с сыном и дочерью.
8. Попробуй мой пирог с капустой.
9. Расскажи мне о жизни в городе.
10. Закажи мне, пожалуйста, два билета на выставку.

19

1. Мне ещё нужно поздравить моего брата с днём рождения.
2. Тане нужно завтра вернуть книги в библиотеку.
3. Завтра в двенадцать часов мне обязательно нужно быть на лекции.
4. Я приду в два часа, потому что мне ещё надо приготовить обед сыну.
5. Мне нужно помогать моей матери, так как она получает маленькую пенсию.
6. Мне ещё нужно найти обменный пункт, чтобы поменять евро на рубли.
7. Мне нужно купить открытки и послать их в Германию.
8. Я не могу долго стоять в очереди, потому что мне нужно быть дома в половине второго.
9. Мне обязательно нужно вспомнить, где я был / была вчера вечером в девятнадцать тридцать / в половине восьмого.
10. Мне ещё нужно купить хлеб и молоко.

20

нет (In 72 Stunden wird wieder Mitternacht sein.)

21

b.
Sportbegeisterte: 2, 7, 8
Kulturinteressierte: 1, 4, 10
Wirtschaftsstudenten: 3, 6, 12
Sprachinteressenten: 5, 9, 11

22

a.
1. 8
2. первый – зелёный; второй – фиолетовый; третий – полосатый; четвёртый – чёрный; пятый – чёрный; шестой – синий; седьмой – жёлтый; восьмой – красный
3. Они, как хотели, меняли цвета.
4. синий → золотистый; жёлтый → коричневый; чёрные → полосатые; зелёный → синий

23

1. На развлечениях (Unterhaltung / Freizeitgestaltung)
2. На алкоголе, сигатерах (An Alkohol und Zigaretten)

Bildquellen

5.1 Fotolia LLC (Pavel Losevsky), New York; 5.2 Fotolia LLC (Yuri Arcurs), New York; 7.1 iStockphoto (mammamaart), Calgary, Alberta; 7.2 iStockphoto (Ekaterina Monakhova), Calgary, Alberta; 7.3 iStockphoto (ronen), Calgary, Alberta; 7.4 iStockphoto (Lucía Cóppola), Calgary, Alberta; 8 iStockphoto (Wendell Franks), Calgary, Alberta; 9.1 iStockphoto (Anna Bryukhanova), Calgary, Alberta; 9.2 Fotolia LLC (Sergei Mohhovik), New York; 9.3 iStockphoto (Duncan Walker), Calgary, Alberta; 9.4 iStockphoto (Victor Prikhodko), Calgary, Alberta; 10.1 iStockphoto (AVAVA), Calgary, Alberta; 10.2 iStockphoto (TommL), Calgary, Alberta; 14.1 iStockphoto (Nikolaev), Calgary, Alberta; 14.2 iStockphoto (Alexandre Legkiy), Calgary, Alberta; 14.3 iStockphoto (Anna Bryukhanova), Calgary, Alberta; 19 iStockphoto (Anna Khomulo), Calgary, Alberta; 21.1 BigStockPhoto.com (Dmitry Maslov), Davis, CA; 21.2 iStockphoto (Catherine Yeulet), Calgary, Alberta; 25 Avenue Images GmbH RF (Fotolia/Corbis), Hamburg; 26.1 iStockphoto (Mikhail Bistrov), Calgary, Alberta; 26.2 lori, Moscow; 27.1 lori, Moscow; 27.2 iStockphoto (Marzanna Syncerz), Calgary, Alberta; 27.3 BigStockPhoto.com (Yuinai), Davis, CA; 27.4 Fotolia LLC (PeJo), New York; 27.5 iStockphoto (Jeffrey Smith), Calgary, Alberta; 30.1 Thinkstock (istockphoto), München; 30.2-3 Ljudmila Bolgova, Moskau 30.4 iStockphoto (Ivan Kmit), Calgary, Alberta; 30.5 iStockphoto (Roman Ivaschenko), Calgary, Alberta; 32.1 Thinkstock (istockphoto), München; 32.2 iStockphoto (EuToch), Calgary, Alberta; 32.3 iStockphoto (palto), Calgary, Alberta; 32.4 Thinkstock (istockphoto), München; 32.5 Thinkstock (istockphoto), München; 32.6 Thinkstock (istockphoto), München; 32.7 Thinkstock (Hermera), München; 36.1 iStockphoto (Graffizone), Calgary, Alberta; 36.2 iStockphoto (Eric Isselée), Calgary, Alberta; 36.3 iStockphoto (Lee Feldstein), Calgary, Alberta; 37 iStockphoto (Anna Bryukhanova), Calgary, Alberta; 40 iStockphoto (Ina Peters), Calgary, Alberta; 41 Thinkstock (istockphoto), München; 45.1 iStockphoto (René Mansi), Calgary, Alberta; 45.2 Thinkstock (istockphoto), München; 45.3 Thinkstock (istockphoto), München; 45.4 iStockphoto (Jan Rihak), Calgary, Alberta; 45.5 iStockphoto (sumnersgraphicsinc), Calgary, Alberta; 45.6 iStockphoto (Sarun Laowong), Calgary, Alberta; 45.7 iStockphoto (Piotr Bober), Calgary, Alberta; 45.8 Thinkstock (istockphoto), München; 46 Thinkstock (istockphoto), München; 48 Thinkstock (iStockphoto), München; 49 iStockphoto (René Mansi), Calgary, Alberta; 52 Thinkstock (Brand X Pictures), München; 53 Thinkstock (Hermera), München; 55 iStockphoto (Nils Kahle), Calgary, Alberta; 56.1 iStockphoto (Denis Babenko), Calgary, Alberta; 56.2 iStockphoto (Pavel Konovalov), Calgary, Alberta; 58 iStockphoto (Konstantin Tovstiadi), Calgary, Alberta; 59 Thinkstock (photos.com), München; 61.1 iStockphoto (naphtalina), Calgary, Alberta; 61.2 iStockphoto (Carmen Martínez Banús), Calgary, Alberta; 61.3 iStockphoto (Paul Reid), Calgary, Alberta; 61.4 iStockphoto (Jacob Wackerhausen), Calgary, Alberta; 61.5 iStockphoto (pixhook), Calgary, Alberta; 61.6 iStockphoto (Natalia Siverina), Calgary, Alberta; 61.7 iStockphoto (Alexander Kalina), Calgary, Alberta; 61.8 iStockphoto (oytun karadayi), Calgary, Alberta;

Textquellen

S. 10: Успенский, Э.: Дядя Фёдор, пёс и кот. URL: http://prostokvashino.ru/content/21/read30-6.html#c [Zugriff am 15.7.2010]
S. 60: Успенский, Э.: Разноцветная семейка. URL: http://sibmama.ru/index.php?p=uspenski [Zugriff am 15.7.2010]
S. 61: Терновская, Т.: Не скупые мы, бережливые… In: ИЗВЕСТИЯ, URL: http://www.izvestia.ru/moscow/article3125292/ [Zugriff am 19.6.2010]
Wir haben uns bemüht, die Rechteinhaber ausfindig zu machen. Leider ist es uns nicht in allen Fällen gelungen. Der Verlag ist für Hinweise dankbar.